THANKS H.E.R.O.
감사문화프로그램

THANKS H.E.R.O. 감사문화프로그램

발행일 : 2025년 5월 21일
저　자 : 오세천
편　집 : 이진영
발행처 : ㈜행복나눔125경영컨설팅
인쇄소 : 디자인창
연락처 : 02-780-1250
이메일 : ohdaegun@hanmail.net
ISBN　: 979-11-992288-8-7(93320)

본 책은 저작자의 지적 재산으로서 무단 전재와 복제를 금합니다.

THANKS H.E.R.O.
감사문화프로그램

오세천 지음

THANKS H.E.R.O.

목 차

추천사 ················· 6	제1장　감사로 성공조직문화를 만든다 ················· 17
작가의 말 ················· 12	제2장　H.E.R.O.를 활성화하는 4단계 감사 ················· 39
저자소개 ················· 15	제3장　감사문화 만들기 핵심 방법 ················· 47
	제4장　기업 감사문화 만들기 사례(팀 중심 접근) ················· 89
	제5장　기업 감사문화 만들기 방법(전사적 접근) ················· 125
	제6장　군대 감사생활 실행 예시 ················· 137
부록 ················· 181	제7장　학교 감사교육 내용 구성 ················· 147
참고문헌 ················· 187	제8장　감사독서경영 프로세스 ················· 159
	제9장　감사문화 만들기 성공 요소 ················· 167

▮ 성공하면 행복해질까? 행복하면 성공할 수 있나?

1987년 코넬대 아이센 교수는 아이들에게 창의력을 시험하는 문제를 냈는데 정답률이 20%였습니다. 그런데 사탕을 나누어 주며 즐거운 마음으로 문제를 풀게 했더니 80%가 정답을 맞히는 놀라운 결과를 얻었습니다. 이러한 실험연구가 지속되며 '사람은 긍정적으로 되면 창의력이 높아진다'라는 것을 알게 되었고 긍정심리학의 발전으로 이어졌습니다.

21세기는 창의력이 운명을 결정하는 시대 모두가 행복을 추구하는 행복시대가 되었습니다. '행복의 특권'에 보면 긍정적으로 되고 행복도가 높아지면 창의력이 3배 몰입도가 10배까지 높아져 생산성이 31% 향상되고 성공확률이 37% 높아진다고 합니다. 20세기 말에 "미국은 지는 해 중국은 뜨는 해"라는 말이 유행했는데 날이 갈수록 중국은 지고 있고 미국은 더 높게 뜨고 있습니다. 그 차이가 바로 긍정심리자본(H.E.R.O.)의 기적입니다.

미국인들의 창의력이 살아나고 서로 감사하고 돕고 나누는 문화로 융합과 시너지 창출로 이어지고 있는 것입니다. 한국인은 세계에서 IQ가 제일 높습니다. 20세기 산업화과정에서 가장 빠르게 성공하여 한강의 기적을 이룬 원동력입니다. 그러나 21세기에 들어와 위기국면으로 추락하고 있습니다. 그 이유는 명확합니다. 지식과 기술에 집착하여 창의력의 시대에 대전환을 하지 못하고 있기 때문입니다.

THANKS H.E.R.O. 감사문화프로그램은 여러분의 운명을 바꾸는 힘이 있습니다. 스스로가 긍정적으로 되고 행복한 삶을 살게 되고 더 높은 창의력을 발휘하여 성공하게 됩니다. 아이들은 성취도가 높아지고 조직의 융합창발력이 살아나 도약하는 기쁨을 누릴 수 있게 됩니다.

더 많은 분이 행복해지고 이웃과 일터가 행복해지고 대한민국이 행복선진국이 되어 인류 행복에 이바지하는 멋진 꿈이 이루어지기를 바랍니다. 감사합니다.

손 욱
(사)행복나눔125 명예회장

▌ 감사나눔 문화 정착의 체계적인 방법론과 해법을 담다

감사의 중요성을 모르는 사람은 없습니다. 그러나 그것을 일상 속 실천으로 옮기는 일은 여전히 낯설고 어려운 과제입니다. 감사나눔 활동 사례들은 주위에서 많이 듣고 알고는 있지만, 막상 실천하고자 하면 어떻게 해야 할지 막막하게 느껴질 때가 많습니다.

이 책은 사단법인 행복나눔125 오세천 대표가 하루 1건의 봉사, 한 달 2권의 독서, 매일 5가지 감사 쓰기를 실천하는 '행복나눔125' 국민운동의 창시자인 손욱 회장님과 함께 다양한 조직에 전파하며, 기업, 학교, 군부대를 직접 찾아가 교육하고 리더를 양성해 온 현장 경험을 바탕으로 정리한 결과물입니다. 그 실천의 과정 속에서 오세천 대표는 감사나눔을 문화로 정착시키기 위해 체계적인 방법론의 필요성을 절감했고, 이 책에는 그에 대한 해법과 방향이 담겨있습니다.

근본적으로 마음을 움직이는 것은 이 일을 '왜' 해야 하는지, 즉 'Why'에 대한 깊은 이해입니다. 마음에 공명이 일어나야 비로소 실천으로 이어질 수 있습니다. 감사나눔 활동에서 이 'Why'에 해당하는 실마리는 손욱 회장님의 『나는 당신을 만나 감사합니다』를 통해 발견할 수 있습니다. 이 책을 읽으며 공감하고, 나누고, 스스로 성찰하는 과정은 개인이나 조직이 감사의 본질을 이해하고 내면의 동기를 자각하는 데 중요한 출발점이 될 것입니다.

다음으로, '어떻게' 할 것인가, 즉 'How'에 대해서는, 기업체에서 처음 감사나눔을 도입하여, 섞이기 어려웠던 두 조직을 하나로 통합한 사례인 『행복한 리더가 행복한 일터를 만든다』를 통해 확인할 수 있습니다. 간절함과 솔선수범으로 조직 전체에 감사문화를 정착시켜, 개인의 행복이 조직의 성과로 이어진 구체적인 실천 과정이 담겨있습니다.

마지막으로, '무엇'을 할 것인가 즉, 'What'에 대한 부분은 이 책의 가장 큰 강점이자 핵심이라 할 수 있습니다. 기업, 학교, 군 부대 등 여러 분야에서 쌓은 경험과 사례들을 체계적으로 정리하여, 단순한 감동이나 동기부여를 넘어 실천 가능한 검증된 방법과 방향을 제시합니다.

이제 자신과 가정, 회사, 더 나아가 사회 전체에서 감사나눔을 일상으로 만들어 진정으로 일과 삶을 변화시키고자 하는 이들에게, 실행 가능한 길을 열어주는 든든하고 실천적인 이정표가 되어, 지속 가능한 행복을 향한 길을 밝혀줄 것입니다. 이 책이 우리 사회에 큰 등불이 되어, 대한민국이 더 행복한 나라로 나아가는 데 기여하길 소망합니다.

허 남 석
(前) 포스코ICT 대표이사

▎기업들에게 실질적인 해결책을 제시하는 귀중한 지침서

오늘날 기업들은 국내외적으로 전례 없는 도전과 어려움에 직면해 있습니다. 이러한 시기에 오세천 대표의 「THANKS H.E.R.O. 감사문화프로그램」은 기업들에게 실질적인 해결책을 제시하는 귀중한 지침서가 될 것입니다.

본 저서는 前 삼성인력개발원 사장이자 삼성종합기술원 원장을 역임한 손욱 회장의 저서 『나는 당신을 만나 감사합니다』에서 제시된 감사문화의 총론적 접근과 前 포스코ICT 대표이사를 역임한 허남석 대표의 저서 『행복한 리더가 행복한 일터를 만든다』에서 소개된 성공 사례들을 바탕으로, 한 걸음 더 나아가 실제 현장에서 적용할 수 있는 구체적인 실행 방안을 제시합니다.

저자는 오랜 기간 기업 현장에서 쌓은 경험과 통찰을 바탕으로, H.E.R.O. (Hope, Efficacy, Resilience, Optimism) 개념을 중심으로 한 체계적인 감사문화 프로그램을 개발했습니다. 이 프로그램은 단순한 이론에 그치지 않고, 기업의 규모와 특성에 맞춰 즉시 적용할 수 있는 실용적인 가이드라인을 제공합니다.

특히 본 저서는 감사 문화가 어떻게 조직의 생산성과 혁신성을 높이고, 구성원들의 행복도와 몰입도를 증진시킬 수 있는지를 명확히 보여줍니다. 또한 리더부터 일선 직원까지 모든 구성원이 참여할 수 있는 구체적인 활동과 프로세스를 상세히 설명하고 있어서 실제 기업 현장에서의 활용에 많은 도움이 될 것입니다.

어려운 시기일수록 조직의 내적 역량과 결속력이 중요합니다. 오세천 님의 본 저서는 감사문화를 통해 조직을 혁신하고 위기를 기회로 전환하고자 하는 모든 기업과 리더들에게 필수적인 지침서가 될 것입니다. 진심으로 일독을 권합니다.

노 형 봉
(前) 홍익대학교 경영대학장

▍작가의 말

2010년 초 감사활동을 본격적으로 시작한 이래, 감사활동 자체도 많은 진화를 거치면서 사회에 뿌리를 내렸습니다. 회사의 조직문화가 되고, 병영과 학교의 인성교육 모델이 되고, 교정기관의 교화프로그램이 되고, 지역사회의 행복 모델이 됐습니다.

이제는 감사생태계가 사회적으로 선순환되고 있음을 감지하고 있습니다. 감사를 함께 실천하시는 분, 특히 사회의 감사 불씨가 되어 행복한 세상 만들기에 헌신하고 계시는 여러분께 먼저 감사합니다.

• 감사는 행복, 관계, 건강, 업무 측면에서 유익합니다.

연구자와 실천가들에 의해 감사가 H.E.R.O.와 같은 심리자원을 활성화하고 행복, 관계, 건강, 업무, 공부 등 일과 삶의 영역에서 긍정적인 효과가 있다는 것을 밝혔습니다. 그리고 그런 것들을 많은 현장 사례를 통해 확인할 수 있었습니다. 이런 과정에서 감사는 일과 삶을 성공적으로 이끌어 가는 필수 기술이 됐습니다. 회사에서는 직업적 기술이 됐습니다.

• 감사생태계가 나와 가정, 사회로 선순환하면서 자라고 있습니다.

어떤 간호사 선생님의 권유로 감사일기를 쓰기 시작했다는 환자를 주변에서 만났습니다. 직장에서 강의하면서 군에서 감사를 배웠다는 회사원도 봤습니다. 중학교 때 교사인 어머니가 감사를 지도해 주었다는 용사, 대학교에서 감사를 배웠다는 용사들도 만났습니다. SNS에 감사를 실천하는 모임들도 있습니다, 모두가 감사하는 마음으로 연결되고 있습니다.

• 감사문화는 글로벌시장으로 통하는 성공조직문화입니다.

감사는 인간의 감정 문제와 현실 문제를 동시에 해결하는 최선의 방법입니다. 그런 만큼 진정성 있는 감사가 구성원과 이해당사자를 행복하게 하고, 조직체의 지속 가능한 발전을 이루는 성공조직문화의 핵심입니다.

한편 감사를 조직에 내재화하여 감사문화를 만들면 단순히 구성원들이 좋은 인성을 발현하도록 하는 것뿐만 아니라, 기존 가지고 있던 좋은 문화를 증폭하여 조직의 핵심 가치를 실현하고, 직무 몰입도를 높이는 조직력이 강화됩니다.

특히 글로벌시장에서 조직전략이 감사문화의 힘을 받을 때 목표에 더 가까이 다가갈 수 있습니다. 감사는 세계의 어떤 인간도 가지고 있는 본질적인 선한 덕목이기 때문입니다.

전략이 머리라면 조직문화는 심장입니다. 감사는 인류 역사와 함께 시작된 근원적 힘으로, 창조적 머리를 만들고 열정적으로 심장을 뛰게 합니다. 그래서 감사문화는 어떤 역경도 이기고 지속적으로 생존 발전하는 기업의 핵심가치입니다. 감사가 숨 쉬고 있는 한 그 조직은 소위 '천년기업'으로 무한히 살아갈 수 있는 원동력을 준비한 것입니다.

감사는 누구나 쉽게 배워서 습관으로 만들어 갈 수 있으며, 가족, 동료, 이해당사자 등 모든 감사의 대상과 마음의 소통이 일어나 모두가 행복한 조직문화로 다져갈 수 있습니다. 아무쪼록 'THANKS H.E.R.O. 감사문화프로그램'이 감사를 조직문화로 만들어 가는 데 현실적인 큰 도움이 되기를 기대합니다.

감사의 선구적 연구자, 실천가분들께 다시 한번 감사드리며, 앞으로도 함께 하실 여러분께 미리 감사합니다.

2025년 벚꽃 피는 봄 여의도에서,

오세천 지음

저자소개

저자 오세천은 ㈜농심에서 비전팀장, 전략경영실장, 리더십센터장, ㈜농심홀딩스 임원을 역임했습니다.
지금은 (사)행복나눔125, ㈜행복나눔125경영컨설팅 대표이며, DGIST(대구경북과학기술원) 미래소양강좌 교수입니다.

'사람의 진정한 행복과 조직의 본질적 성장은 무엇이며 어떻게 이룰 수 있나?'에 대해 명상과 감사나눔을 실천하면서 스스로 묻고 대답을 구하고 있습니다. 그동안 감사와 행복, 감사명상을 주제로 기업, 병영, 학교, 병원, 지자체, 사회공동체 등에서 3,000여 회에 이르는 강의와 조직문화컨설팅을 했습니다.

THANKS H.E.R.O.

제1장

감사로 성공조직문화를 만든다

THANKS H.E.R.O.

1.1. 감사는 최적의 변화관리 방법

조직문화 이론을 바탕으로 볼 때, 감사는 가시적인 실천으로 조직문화 변화를 가속하는 차별적인 강점을 갖고 있으며, 이는 단순한 변화관리 기법을 넘어 조직의 근본적인 문화를 건강하고 긍정적으로 변화시키는 강력한 방법이라는 것을 알 수 있습니다.

1. 조직문화 변화의 "잠재적 기본 가정(Basic Assumptions)"에 직접적인 영향

에드거 샤인(Edgar H. Schein)은 조직문화의 가장 깊은 층을 '잠재적 기본 가정(Basic Assumptions)'으로 정의했습니다. 이는 구성원들이 무의식적으로 공유하는 믿음과 가치이며, 조직의 행동을 근본적으로 결정하는 요소입니다.

감사는 구성원들이 상호 신뢰와 존중을 바탕으로 한 긍정적인 조직문화를 기본 전제로 받아들이게 하고, 단순한 행동 변화가 아니라, 조직 내 '사람을 존중하고 긍정적인 감정을 표현하는 것이 당연하다'라는 가정을 형성하여 지속 가능한 변화를 유도합니다.

2. 사회화 과정(Socialization)을 통한 자연스러운 문화 정착

조직문화가 변화하려면 새로운 가치와 행동이 조직의 사회화 과정(신입 교육, 피드백 문화, 일상적 상호작용)을 통해 내재화되어야 합니다.

감사나눔은 조직의 공식적·비공식적 커뮤니케이션을 통해 지속적으로 실행될 수 있으며, 구성원 간 긍정적 피드백과 인정이 자연스럽게 내면화됩니다. 새로운 구성원들도 감사나눔 문화를 쉽게 받아들이고 실천하게 되어 조직문화의 변화가 빠르게 정착됩니다.

3. 심리적 안전감(Psychological Safety)과 학습문화 촉진

에드거 샤인(Edgar H. Schein)은 조직문화가 변화하려면 구성원들이 새로운 방식의 사고와 행동을 시도할 수 있는 '심리적 안전감'이 필요하다고 보았습니다.

감사는 조직 내 심리적 안전감을 높이고, 실수를 성장의 기회로 인식하게 만들어 변화에 대한 저항을 줄입니다. 긍정적인 피드백과 감사 표현이 활성화되면, 구성원들이 더 자유롭게 아이디어를 제안하고 혁신적인 시도를 할 수 있는 학습조직(Learning Organization)으로 발전할 수 있습니다.

4. 리더십과 문화의 상호작용을 통한 조직변화 가속화

리더의 행동과 가치가 조직문화 변화에서 핵심적인 역할을 합니다.

감사를 실천하는 리더는 구성원들의 공헌을 인정하고 긍정적인 조직문화를 조성하는 역할을 합니다. 기존의 명령·통제 중심적 리더십에서 벗어나 진성리더십(Authentic Leadership), 서번트 리더십(Servant Leadership)과 코칭 리더십(Coaching Leadership)을 강화하여 조직 전반의 변화 속도를 높입니다.

5. 문화적 요소로서 감사의 가시적 표현과 실천 가능성

감사나눔은 단순한 가치나 철학이 아니라, 실제로 '감사일기', '감사편지', '감사카드', '감사 게시판', '감사 메시지, '감사 나눔 모임' 등의 가시적인 형태로 조직 내에서 실천될 수 있습니다. 이러한 가시적 실천을 통해 변화된 문화가 더욱 빠르게 확산하며, 감사 표현이 일상적인 조직 행동으로 자리 잡을 가능성이 커집니다.

1.2. 감사는 구성원의 행복을 만드는 심리적 기술

❏ 경제성장 대비 저행복 국가집단에서 탈출

유엔 자문기구인 '지속발전해법네트워크(SDSN)'는 UN이 정한 세계행복의 날인 3월 20일에 '세계행복보고서(World Happiness Report)'를 발표합니다.

이 보고서를 토대로 한국을 경제성장대비 저행복 국가집단으로 분류하면서, '국민이 경제발전에 따른 행복을 누리지 못하고 있다.'라는 연구가 있습니다. 〈이태진, 김성아 외, 『한국인의 행복과 삶의 질에 대한 종합 연구』. 한국보건사회연구원, 2021〉

결론은 국민 한 명, 한 명이 행복한 삶을 누리는 한국형 복지국가 실현 필요하다는 것입니다.

〈연도별 한국의 행복 순위〉

(단위 : 위, 점)

구분	2019	2020	2021	2022	2023	2024	2025
한국 순위	54	61	62	59	57	52	58
점수 (10점 만점)	5.872	5.895	5.845	5.935	5.951	6.058	6.038

* SDSN(The Sustainable Development Solutions Network), 『World Happiness Report』

❏ 행복한 사회 만들기가 필요

「1960년대 초 세계 빈곤국 중의 한 작은 나라였던 대한민국은 '쓰레기통에서 장미꽃이 피는가'라는 조롱을 받았지만

1970년 이후 눈부신 경제성장을 이루었지만, 그에 걸맞은 정신문화와 공공 리더십을 제대로 키우지 못해 OECD 국가 중 자살률 1위, 교통사고 사망률 1위, 산업재해 사망률 1위, 행복도 꼴찌라는 부끄러운 나라로 전락하고 말았으며, 갈등 공화국이 되어 갈등비용이 급증하고 경제성장의 뒷다리를 잡고 있다」라고 지적합니다.
〈손 욱(2013), 『나는 당신을 만나 감사합니다』, 김영사〉

나도 살리고 남도 살리는 이타심을 바탕으로 행복한 사회 만들기가 필요합니다.

☐ 행복한 사람들이 가지는 성공적 삶을 위하여

마틴 셀리그먼(Martin Seligman)을 비롯한 긍정심리학자들은 행복과 성공 간의 관계에 대해 기존의 전통적 관점과는 다르게 설명합니다. 전통적으로는 성공이 행복으로 이어진다고 믿는 경우가 많았지만, 긍정심리학은 행복이 성공을 촉진하는 중요한 요소라고 주장합니다.

긍정심리학은 행복(특히 긍정적 정서)이 단순히 성공의 결과가 아니라, 성공을 이끄는 중요한 원동력이라고 봅니다. 행복한 사람들은 삶에 대한 태도가 더 낙관적이고, 문제 해결에 유연하며, 사회적 관계에서도 더 성공적이라는 것입니다.

심리학자 소냐 류보머스키(Sonja Lyubomirsky)는 행복한 사람이 더 창의적이고, 생산적이며, 성공적인 경향이 있다는 연구 결과를 제시했습니다. 행복은 직장에서 더 나은 성과, 더 나은 인간관계, 더 큰 건강으로 이어질 가능성이 크다고 합니다.

많은 긍정심리학자, 행복학자는 이렇게 행복한 사람들은 '대체로 사회적 관계에서 더 매력적이고, 신뢰를 얻으며, 협력적인 경향이 있으며, 이런 관계는 개인의 성공, 특히 직업적 성공과 밀접하게 연결된다.'라고 말합니다. 나아가 행복한 사람들은 단기적인 성공보다 장기적인 성취와 성장을 중시하며, 자신이 추구하는 목표와 일치하는 삶을 사는 경향이 있다고 주장합니다.

❏ 더 행복해지기 위한 노력, 작은 감사로 출발

우리는 경제적 성장을 이루었음에도 불구하고 행복하지 못한 이유는 단순히 물질적 풍요가 아니라, 삶의 질, 관계, 심리적 안정성, 그리고 정치적인 원인도 한몫하고 있기 때문입니다. 이를 해결하려면 정책적, 사회적, 개인적 차원에서의 다각적인 접근이 필요합니다.

행복은 경쟁에서 이기는 것이 아니라, 자신의 의미를 발견하고 균형 잡힌 삶을 사는 데서 오는 것임을 사회적으로 공감하는 노력이 중요합니다.

감사는 개인과 가정, 일터, 그리고 사회를 행복하게 하는 강력한 생활 도구입니다.

- 개인적 차원 : 스트레스 감소, 정서적 안정, 자존감 향상
- 가정적 차원 : 관계 개선, 갈등 완화, 자녀의 정서적 성장
- 회사적 차원 : 협력 강화, 업무 만족도 증가, 조직 내 소속감 상승
- 사회적 차원 : 공동체 신뢰 증대, 갈등 완화, 공공선 증진

감사는 단순한 감정이 아니라, 삶의 태도와 행동으로 실천될 때 더욱 강력한 효과를 발휘합니다. 한국 사회가 개인과 개인, 집단과 집단의 경쟁과 갈등에서 벗어나 감사를 중심으로 한 문화를 형성한다면, 더 건강하고 행복하고 긍정적인 개인, 가정, 회사, 사회를 이룰 수 있습니다.

우리는 더 행복해지기 위하여, 그리고 행복이 주는 결실을 얻기 위하여 무엇보다도 '나부터 작은 것부터 지금부터' 실천하는 작은 감사로 출발해야겠습니다.

1.3. 조직 이슈를 해결하는 자기 솔루션

❑ **감사는 조직 문제를 진정성 있게 해결하는 최선의 방법**

회사, 병영, 학교, 병원, 공동체, 심지어 가정이라는 조직은 개인과 개인 간, 개인과 조직간, 조직과 조직간 항상 크고 작은 문제가 일어나기 마련입니다. 건전한 문제는 조직의 발전에 당연히 도움이 되겠지만, 극심하게 대립이 되면 조직의 힘이 낭비되고 경우에 따라 생존에 어려움이 따르게 됩니다.

특히 회사에서 발생한 문제로 간혹 보도되는 직장 내 괴롭힘, 사내 갑질, 세대 갈등 등에 대한 기계적인 해결은 당사자들의 마음에 깊은 트라우마를 남기게 됩니다. 애당초 이런 문제가 일어나지 않도록 예방하며, 더 근본적인 조직 문제를 스스로 해결하는 데 감사는 현실적으로 유용하며 회사의 ESG 활동과도 연결되는 솔루션이 됩니다.

• **구성원의 낮은 몰입도 및 동기부여 부족**
직원들이 자신의 업무에 대한 의미를 찾지 못하고, 조직에 대한 애착이 낮아지는 문제가 심화되고 있습니다.
감사를 통해 긍정적인 조직문화를 형성하고, 직원 간 신뢰를 높이며, 일의 의미를 재발견할 수 있습니다.

• **리더십 및 조직문화 문제**
수직적이고 경직된 조직문화, 상사와 부하 간 신뢰 부족이 많은 기업의 주요 문제입니다.
리더들이 직원들에게 감사를 표현하고, 실천하면, 상호 존중하는 문화를 조성할 수 있습니다.

- 이직률 증가 및 인재 유지 어려움

특히 MZ세대는 조직에서 '소속감'과 '인정받는 경험'을 중요하게 여깁니다. 감사를 통해 직원들이 자신의 기여가 조직에 긍정적인 영향을 미친다는 것을 느끼면, 조직 애착이 높아집니다.

- 고객 만족 저하

조직 내 감사를 활성화되면, 직원의 정서적 만족도가 높아지고, 이는 고객 서비스의 질 향상하는데 기여합니다.

1.4. 일과 삶을 개선하는 검증된 방법

❏ **심리학적 경험적으로 일과 삶의 여러 영역에서 유익성 검증**

1990년대 후반, 심리학은 기존의 병리 중심의 연구(우울증, 불안 등)에서 벗어나 행복, 강점, 긍정적 정서를 탐구하는 긍정심리학으로 방향을 전환했습니다.

1998년, 마틴 셀리그먼(Martin Seligman)이 미국심리학회(APA) 회장으로 취임하면서 긍정심리학이 공식적으로 심리학의 주요 분야로 자리 잡게 되었으며, 인간의 행복을 증진시키는 요소로서 '감사(Gratitude)'를 중요한 연구 주제로 다루기 시작했습니다.

감사학의 선구자는 미국 캘리포니아 대학교(University of California, Davis) 로버트 에몬스(Robert A, Emmons) 심리학 교수로 감사가 개인의 정신적, 신체적, 사회적 행복에 미치는 긍정적 영향을 학문적으로 연구했습니다.

감사학이 주는 핵심 메시지는 감사는 단순한 예의 표현을 넘어, 심리적 행복, 신체적 건강, 사회적 관계, 그리고 전반적인 삶의 질을 향상시키는 핵심 요소이며, 학습되고 실천 가능한 기술로, 일상 속에서 지속적으로 훈련함으로써 개발될 수 있다는 것입니다.

심리학적 감사학(Science of Gratitude)의 태동
'예로부터 인간의 힘의 원천으로 알려진 것들(지혜, 희망, 사랑, 종교, 감사, 겸손)'에 대한 미국 학술대회에서 에몬스 교수가 감사를 주제로 발표한 것이 감사의 학문적 출발(1998년)

❏ 감사가 심리와 신체에 어떤 영향을 주는지에 대한 연구

2000년대에 들어 로버트 에몬스(Robert A. Emmons) 교수는 마이클 맥컬러(Michael E. McCullough) 교수와 함께 감사가 심리와 신체에 어떤 영향을 주는지 5개의 감사일기 쓰기 통해 연구했습니다.

<5가지 감사일기 쓰기 연구 방법과 결과>

연구차수	연구방법	감사그룹의 결과
1차연구	각 그룹별 1주 1번씩 10주간 진행 • 감사그룹 : 감사했던 것 5가지 • 불평그룹 : 성가신 일 5가지 • 대조그룹 : 인상적인 것 5가지	전체적으로 삶에 대한 긍정적 느낌을 가지며, 미래에 낙관적이고, 더 행복해함. 건강 문제는 적었고, 질병 증세도 덜 나타남. 일주에 1.5시간 정도 더 운동
2차연구	각 그룹별 매일 2주간 진행 • 감사그룹 : 감사했던 것 5가지 • 불평그룹 : 성가신 일 5가지 • 대조그룹 : 타인보다 나은 조건 생각	더 즐거워하고, 매사 열심. 모든 일에 흥미 가지고 주의력도 높음. 활력이 넘치고 결의에 차 있으며, 기분이 고양된 상태. 주변인의 문제에 마음의 의지가 되거나 도움
3차연구	신경근질환자 대상 매일 3주간 진행 • 감사그룹 : 감사했던 것 5가지 • 대조그룹 : 자신의 경험에 평점	삶 전체적으로 더 만족, 타인과 긴밀한 유대감, 오랜 숙면을 위하고 깨어나서도 더 개운함을 느낌

* 로버트 에몬스(2008), 『Thanks』, 이창희 역, 위즈덤하우스.

오늘날 감사는 단순한 기분전환이나 행복하게 하는 차원에서 더 진화하여 삶의 전반적인 질을 높이는 강력한 심리적 무기가 되었고, 긍정심리학이 내세우는 전형이 됐습니다.

❏ 감사의 효과에 대한 연구

그레이터 굿 사이언스센터(UC, Berkeley, The Greater Good Science Center)는 2014년부터 5년간에 걸쳐 '감사 과학과 실천의 학장(The Gratitude Project)'이라는 프로젝트를 진행했습니다. 이것은 감사가 심혈관계 건강에 미치는 유익, 연인 관계에서의 역할, 투표율에 대한 영향, 직장에서의 감사 제도 도입 방안 등등 인간의 다양한 영역에 미치는 영향에 관한 연구였습니다. 〈제러미 애덤 스미스 외(2022), 『감사의 재발견』. 손현선 역, 현대지성〉

이러한 연구 결과는 감사의 중요성과 그 실천 방법에 대한 과학적 근거를 제공하여, 개인의 삶뿐만 아니라 사회 전반에 긍정적인 영향을 미칠 수 있음을 시사합니다.

이는 한국에서 감사활동을 통해 경험했던 많은 긍정적 변화를 이론적으로 설명할 수 있는 근거가 되는 소중한 자료가 됐습니다.

이를 바탕으로 감사의 긍정적 효과를 4가지로 정리하면 다음과 같습니다.

행복해진다(정신건강)	관계가 좋아진다(인간관계)
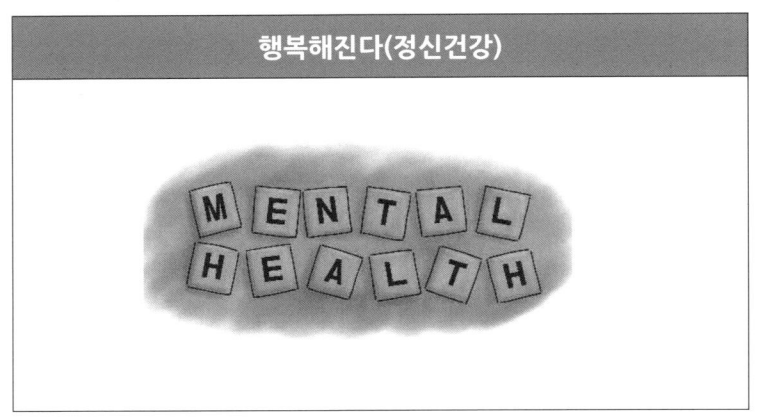	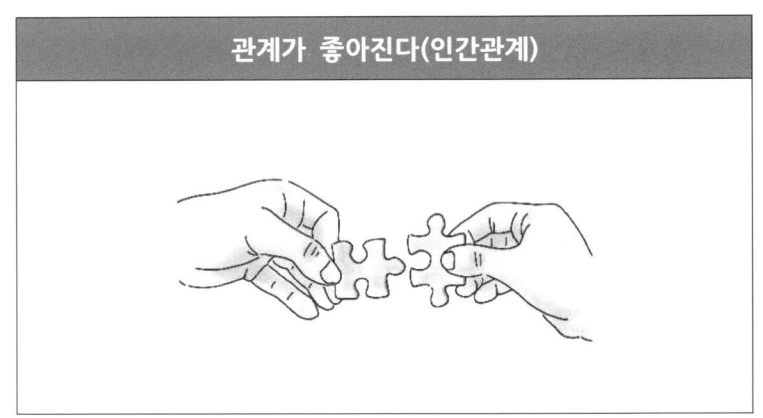
건강해 진다(신체건강)	일이 잘 된다(업무개발)

❏ 행복해진다(정신건강)

여러 연구자들은 감사를 하면 행복해지고 삶의 만족감도 올라가는 등 긍정 정서는 증진되고, 상대적으로 우울감, 스트레스와 같은 부정적인 것들은 줄어든다고 합니다.

'행복해졌다. 긍정적인 마음이 됐다'라는 것은 국내의 많은 감사 실천가들이 공통으로 이야기하는 가장 큰 감사 후의 변화 중 하나입니다.

우측 그래프는 KB금융지주의 남녀 직원을 대상으로 3주간 감사일기, 감사카드, 감사편지, 감사명상 활동을 한 후 '포다이스(Fordyce) 행복도 측정 방법'에 따라 측정한 결과를 나타낸 것입니다. 여직원은 2점 상승, 남직원은 1점 상승했습니다.

사실 이미 많은 연구 논문, 특히 뇌과학적 연구를 통해 '감사하면 행복하다'라는 것은 기정사실이 됐으며, 다른 긍정적 감정을 향상하는 것으로 확인된 바 있습니다.

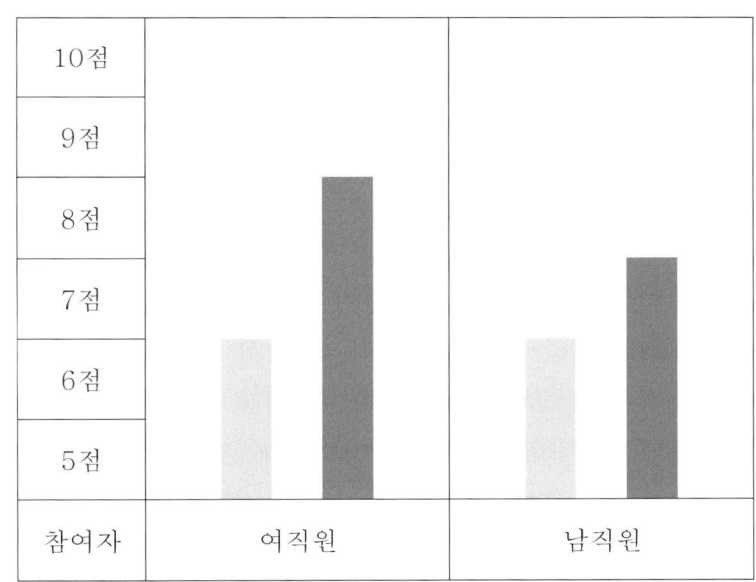

<KB금융지주, 감사활동 후 행복도 변화>

❏ 관계가 좋아진다(인간관계)

또 연구자들은 감사를 하면 상대의 가치를 재발견하게 되고, 인정하게 되며, 배려심도 커지고, 경청하며, 이타적 선행을 한다고 합니다. 유대감과 결속감도 향상되어 감사는 관계를 좋게 하는 기술이라고 합니다. 회사 측면에서 보면 감사하는 능력은 이해당사자와의 좋은 관계를 형성하고 유지하는 데 큰 도움이 됩니다.

그동안 감사활동을 하면서 부부간의 관계, 부모와 자녀와의 관계, 동료관계, 상하관계가 좋아진 사례가 가장 많이 보고됐습니다. 아래의 사례는 아내가 남편에게 감사편지를 쓰면서 남편에 대한 새로운 사실을 알게 되고 남편에 대한 원망이 사랑으로 바뀌게 되었다는 이야기입니다.

"원망스러운 남편이 착한 남편으로 바뀌었다."

「남편이 갑작스레 성실히 해오던 공직을 버리고 사업을 하여 결국 실패로 끝나면서, 어렵게 살아왔기 때문에 감사거리가 없을 것 같았는데, 친정 작은 오빠에게 몰래 귀한 개구리 즙도 보내주고, 친정집을 혼자서 일 년에 대여섯 번씩 찾아가는 남편의 모습이 떠오르면서 착한 남편에 대해 더한 감사를 느끼게 되었다.」〈KTis, ㅇㅇㅇ님〉

❏ 건강해진다(신체건강)

앞에서 언급한 그레이터 굿 사이언스센터(UC, Berkeley, The Greater Good Science Center)의 조사에 의하면, 「감사 수준이 높은 사람일수록 두통, 소화기 계통 질환, 기관지염, 수면 장애 등의 문제가 적었으며, 심장병과 심정지 정도, 당뇨, 만성신장질환, 각종 암, 사망과 관련 있는 적혈구 내 단백질 수치 등이 눈에 띄게 낮았다.」라고 보고하고 있습니다.
〈제러미 애덤 스미스 외(2022), 『감사의 재발견』, 손현선 역, 현대지성〉

국내에서는 감사와 신체적 건강에 대해서는 개인적으로 보고 사례가 있으나, 의학적으로 확인하기 어려운 측면이 있고, 본격적인 연구가 필요하다고 생각합니다.

아래는 '감사와 심장변동률(HRV)에 대한 연구(HeartMath Institute, Dr. Childre & Howard Martin)'로 일찍이 널리 알려진 바 있습니다. 이 결과를 보면 심장이 가장 좋아하는 일상적인 말은 '감사합니다'라고 결론 내릴 수 있습니다.

화가 났거나 낙담한 경우 같은 부정적 정서 상태에서, HRV패턴은 통일되지 않고 불규칙적이고 급격한 변화를 보인다. 이것은 뇌에서 심장과 몸 전체로 정보를 전달하는 자율신경계의 부조화를 의미한다.

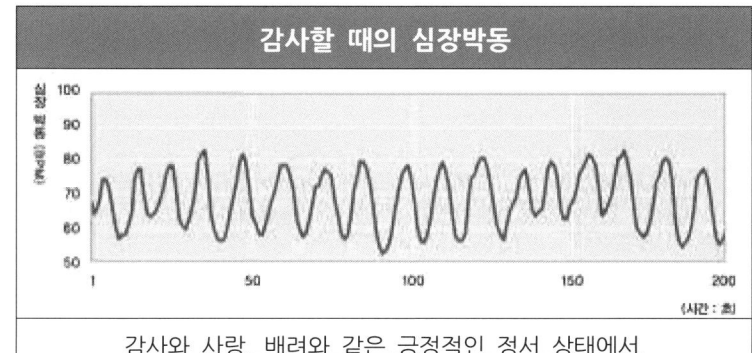

감사와 사랑, 배려와 같은 긍정적인 정서 상태에서, HRV패턴은 동일성과 질서를 가진다. 이러한 패턴은 일반적으로 자율신경계의 균형 및 심혈관계의 효율성과 연관이 있다.

❑ 일이 잘 된다(자기계발)

역시 앞에서 언급한 그레이터 굿 사이언스센터(UC, Berkeley, The Greater Good Science Center)의 조사에 의하면, 「감사는 타인의 삶을 개선하려는 영감을 불러일으키고 자신의 삶을 개선할 의욕에 박차를 가한다. 감사는 일과 학문 등 삶의 다양한 영역에서 성공과 연계되어 있다. 감사하는 학생은 학점이 높은 경향이 있고, 감사편지를 쓴 직원은 자유성이 증가하고 생산적인 직장인이 되었다.」라고 보고하고 있습니다.
〈제러미 애덤 스미스 외(2022), 『감사의 재발견』, 손현선 역, 현대지성〉

일이 잘된다는 것은 나의 본분을 알게 되고, 내가 할 역할의 본질에 다가가기 때문입니다. 열심히 감사활동을 한 자녀의 성적이 획기적으로 향상된 사례가 많습니다. 아래는 자녀가 공부를 잘하게 된 사례입니다.

「아내에게 보낸 감사편지가 큰일이 아니라 생각했는데, 아내는 결혼생활 25년 만에 처음 받은 남편의 장문 편지에 크게 감동했고 남편이 이렇게 멋진 사람인 줄 몰랐다며 집에서 아주 잘해준다. 진작 써줄 걸 하는 생각이 들었다.

아이들에게도 감사를 실천했다. 전보다 많이 안아주고 자고 있을 때 머리맡에 감사카드를 놓아둔다. 감사실험 보면 밥이며 물도 감사의 힘에 영향 받는데 우리 아이들에게는 감사가 어떻게 전해질까 궁금한 마음에 작년부터 꾸준히 실천했다.

그래서인지 몰라도 딸의 학교 성적이 좋아져 이번에 미국 오클라호마 주립대 교환학생으로 선발되고, 고등학생 아들은 1년 동안 성적이 전교 1등을 유지하고 있다. 감사나눔 활동으로 긍정적 마음을 표현하는 것이 아이들의 잠재력 향상에 발전을 가져오는 영향을 준 듯하다.」〈포뉴텍㈜, ㅇㅇㅇ님〉

1.5. 우리의 감사 DNA

❏ **감사하는 마음은 우리의 오랜 역사 속에 살아있다**

고대 고조선의 건국이념이며, 지금 대한민국의 교육이념인 '홍익인간'이 이로움을 주는 행동 철학이라면, '고맙다'는 이로움을 받은 사람이 느끼는 자연스러운 정서적 반응이자 이를 언어로 표현한 결과물로 보입니다.

언어적으로 '고맙다'는 '고마+ㅂ다'로 나누어 해석하는 것은 충분히 타당하며, 이때 '고마'라는 어근은 단순히 감사의 의미를 넘어, 존재에 대한 경외감과 신성함을 나타내는 고대적 뿌리를 가질 가능성이 큽니다.

예컨대 '곰'이라는 존재는 고대 한국에서 신성한 동물로 여겨졌으며, 이는 '고마'와 발음 및 의미상으로 연결될 가능성이 있습니다. 곰을 신성시하는 문화권에서는 도움을 주는 존재에 대한 경외심이 자연스럽게 '고맙다'와 같은 표현으로 이어졌을 가능성이 있습니다.

홍익인간 사상이 고조선의 건국 이념이라는 점에서, 공동체와 조화로운 삶에 기여한 대상(사람, 자연, 신)에 대한 감사의 감정을 표현한 단어가 '고맙다' 발전했을 가능성을 제기할 수 있으며, 아무튼 '고맙다'는 것은 한국인의 오랜 정서임에는 틀림없는 것 같습니다.

그런 만큼 우리의 마음속에 감사는 이미 존재하는 것으로 이것을 자연스럽게 표현하는 연습을 하면 감사하는 마음이 활성화되고 앞에서 언급한 대로 더 행복해지고 관계가 좋아지고, 건강해지고, 일도 잘되는 긍정적 효과를 충분히 누릴 수 있습니다.

한편 '감사(感謝)합니다'라는 한자는 동사적 표현이고, '고맙습니다'는 형용사적 표현으로서 상황에 따라 적절히 선택하여 사용하면 되며, 이 책에서는 동사적 표현인 '감사'를 주로 사용했으며, 감사(監査)와 구별을 하기 위해 '감사나눔'이라고 한 부분이 많습니다.

1.6. 세상을 연결하는 마음의 고리

❏ 감사는 우리 모두의 마음을 하나로 연결하는 정서적 고리

감사는 오래전부터 철학과 종교에서 삶의 본질적 요소로 논의됐는 만큼, 앞으로도 감사학의 발전이 더욱 기대되며, 여기에 세계적으로 많은 실천가들이 있어서 향후 세계를 하나로 연결하는 정서적 고리가 될 가능성이 큽니다.

우리나라도 이미 선구자적 실천가들이 많이 있고, 지금도 기업, 학교, 병영, 병원, 공동체, 지자체 등 전국적으로 확대되고 있어 감사생태계가 가시화되고 있습니다.

'감사'라는 한 단어가 나라마다 언어는 다르지만, 그 사회의 개인과 가정, 일터, 사회를 바꾸어 나가고 있는 것을 보면서, 이제는 나라와 나라를 넘어 이 세상을 아름답게 연결하는 정서적 고리가 될 것으로 확신합니다.

특히 우리가 오랜 세월 잠자고 있었던 감사를 깨워 개인적인 분노와 폭력, 우울과 자살, 가정적에서의 저출산, 이혼, 회사에서의 괴롭힘, 갑질, 소통, 사회적으로 극심하게 분단된 갈등 등 부정적인 것들을 해결하고 세계에서 가장 좋은 머리를 활용하여 세계 무대에서 행복하게 활약하는 희망적인 비전이 보입니다.

THANKS H.E.R.O.

제2장

H.E.R.O.를 활성화하는
4단계 감사

THANKS H.E.R.O.

2.1. 감사단계

❏ **감사단계와 H.E.R.O.**

조직에서 구성원의 심리자원을 효과적으로 활성화할 수 있도록 감사 방법을 단계화했습니다. 이것은 기업, 병영, 학교, 지자체, 지역공동체에서의 감사교육과 컨설팅을 하면서 있었던 성공과 실패 경험과 손욱의 『나는 당신을 만나 감사합니다』, 허남석의 『행복한 리더가 행복한 일터를 만든다』를 지침 삼아 정리한 것입니다.

이론적으로는 로버트 에몬스(Robert A Emmons)의 『Thanks』, 필립 와킨스(Philip C. Watkins)의 『감사와 행복한 삶(Gratitude and the Good Life)』, 그레리터 굿 사이언스 센터의 『감사의 재발견(The Gratitude Project)』을 주로 참고했습니다. 'H.E.R.O.'는 프레드 루턴스(F. Luthans)와 동료들이 주창한 심리자본(Psychological Capital)의 요소, 즉 Hope(희망), Efficacy(효능감), Resilience(회복탄력성), Optimism(낙관주의)의 첫 글자를 인용한 것입니다.

<THANKS H.E.R.O. 감사문화프로그램의 감사콘텐츠>

감사단계	정의	목적
당연감사 (1단계)	일상의 당연한 것들에 대한 소중함을 깨닫고, 의식적으로 표현하는 감사	O(Optimism) 활성화
상황감사 (2단계)	어려운 상황에서도 관점 전환으로 긍정적인 것을 찾아 의식적으로 표현하는 감사	R(Resilience) 활성화
자기감사 (3단계)	작은 성공 경험, 한계를 극복했던 순간, 나 자신의 강점을 떠올리고, 의식적으로 표현하는 감사	E(Efficacy) 활성화
목적감사 (4단계)	자신의 꿈과 삶의 가치를 찾아 목표를 명확히 하고, 미리 표현하는 감사	H(Hope) 활성화

2.2. 감사와 심리자원

☐ **목적감사와 희망(Hope)**

• 정의

희망은 미래에 대한 긍정적인 기대와 목표를 달성하기 위한 경로를 찾고 실행하려는 심리 상태로 정의할 수 있으며, 찰스 스나이더(Charles Snyder) 희망 이론에 따르면, 희망은 두 가지 요소로 구성됩니다.
 - 목표 달성을 위한 경로 : 원하는 목표를 달성할 방법을 찾아내는 능력
 - 의지력 : 목표를 이루려는 지속적인 동기와 추진력

• 예시

어려운 시험을 앞둔 학생이 "공부 방법을 바꾸면 해낼 수 있어!"라고 믿으며 노력하는 것이 희망의 표현입니다.

• 감사와 희망의 이론적 접근

「감사하는 사람들은 더 긍정적인 감정을 느꼈고 삶 전체에 대해 더 희망찬 느낌을 가진다.」(Emmons, McCollough)

「감사가 개인의 과거와 현재의 경험에서 좋음을 증폭한다면, 감사는 개인의 미래에서 볼 수 있는 좋음을 증폭하는 것이 분명하다. 그러므로 감사하는 사람들은 낙관적이고 희망적이다.」(Watkins)

「의식적으로 감사하는 사람이 오히려 목적의식과 성취동기가 강하며, 더 성공적으로 목표를 달성한다.」(Emmons)

• 목적감사

목적감사는 비전 만들기, 버킷리스트 만들기, 목표 만들기,

목표를 이루는 명언 만들기, 미리 감사하기 등의 활동을 통해 자신의 역량을 발휘하여 꿈과 희망을 명확히 하고 달성할 수 있도록 설계했습니다.

❏ 자기감사와 유능감(Efficacy)

• 정의
유능감은 자기효능감을 말하는 것으로 자신이 특정한 과제를 성공적으로 수행할 수 있다는 믿음입니다. 앨버트 반두라(Albert Bandura)의 사회인지 이론에서 제안한 개념으로, 자기효능감이 높은 사람은 어려운 상황에서도 '나는 할 수 있다.'는 신념을 유지하며 도전합니다.

• 예시
한 신입 사원이 어려운 프로젝트를 맡았을 때 "나는 이전에도 비슷한 문제를 해결했어. 이번에도 할 수 있어!"라고 믿는 것이 자기효능감입니다.

• 자기감사와 유능감의 이론적 접근
감사를 실천하는 사람들은 자신의 성취를 더욱 인식하고, 자존감과 자기효능감(Self-efficacy)이 향상됩니다. 이는 자신이 과거에 성공했던 경험을 되새기며 '나는 해낼 수 있다'는 신념을 강화하는 데 기여합니다.

「감사하는 사람들은 누군가의 도움이나 호의를 받은 만큼 자신이 가치 있는 존재라고 생각하게 된다.」(Emmons)

감사하는 사람들은 더 높은 자존감을 갖는 경향이 있음이 분명하다. 감사가 타인의 좋음을 증폭하는 것처럼, 감사 또한 자신의 자아에서 좋음을 증폭하는 것 같다. (Watkins)

• 자기감사
자기감사는 자기의 과거 성공 경험을 떠올리기, 타인의 성공을 관찰하기, 긍정적인 피드백 받기 등의 활동을 통해 자기효능감, 즉 유능감, 자존감을 활성화할 수 있도록 설계했습니다.

❏ 상황감사와 회복탄력성(Resilience)

• 정의
회복탄력성은 어려움이나 스트레스를 경험한 후에도 다시 회복하고, 성장할 수 있는 능력을 의미합니다. 회복탄력성을 '역경을 극복하고 오히려 도약하는 심리적 힘'으로 정의합니다.

• 예시
사업 실패 후에도 "이번 경험을 통해 배운 것이 많아. 다음에는 더 나아질 거야!"라고 생각하며 다시 도전하는 것이 회복탄력성입니다.

• 상황감사와 회복탄력성의 이론적 접근
감사는 역경 속에서도 긍정적인 측면을 찾아내는 능력을 길러주며, 스트레스와 어려움을 극복하고 더 성장하는 회복탄력성을 증진합니다. 위기 속에서 전화위복의 기회를 만들어줍니다.

「감사하는 성향을 지닌 사람은 어떤 상황에서도 좋은 점을 잘 찾아내며 나쁜 점을 덜 의식한다. 감사의 능력을 갖춘 사람은 고통스러운 상황으로 인한 자신의 성장을 기쁨과 고마움으로 받아들인다.」(Emmons)

「좋은 시점에서 감사와 같은 긍정 정서의 경험은 나쁜 시점에서 감사하는 사람을 도와주는 회복탄력성과 같은 개인적 자원의 축적을 돕는다.」(Watkins)

• 상황감사
상황감사는 나 자신의 어려운 상황 속에서 일어나는 부정적인 감정을 스스로 완화하고, 감사거리를 찾는 활동을 통해 회복탄력성을 활성화할 수 있도록 설계했습니다.

❏ 당연감사와 낙관주의(Optimism)

• 정의
낙관주의는 미래에 대해 긍정적인 기대를 하고, 좋은 일이 일어날 것이라고 믿는 태도를 의미합니다.
셀리그먼(Seligman)의 학습된 낙관주의(Learned Optimism) 이론에 따르면, 낙관주의적인 사람들은 부정적인 상황을 일시적이고 특정한 것으로 해석하며, 긍정적인 결과를 기대하는 경향이 있습니다.

• 예시
면접에서 떨어졌을 때 "이 회사와 내가 맞지 않았을 뿐이야. 더 좋은 기회가 올 거야!"라고 생각하는 것이 낙관주의입니다.

• 당연감사와 낙관주의의 이론적 접근
감사는 현재의 긍정적인 측면을 강화하고, 미래에 대한 낙관적인 전망을 유지하는 데 도움을 줍니다.

「감사일기를 작성한 참가자들이 그렇지 않은 참가자들보다 미래를 더 긍정적으로 바라보고, 낙관적인 태도를 유지한다.」
(Emmons & McCullough)

「정말로 감사하는 사람들은 자신의 행복을 기본적으로 통제한다고 느끼며, 그와 더불어 미래에 대해 희망적이며 낙관적으로 느낀다.」 (Watkins)

• 당연감사
당연감사는 나에게 일어나는 좋은 것들에 대한 인식, 그 좋은 것들은 주변의 인물 또는 관계되는 어떤 사물의 도움이라는 알아차리고 감사함으로써 낙관주의를 활성화할 수 있도록 설계했습니다.

❏ 감사는 H.E.R.O.

H.E.R.O.는 개인의 성장과 행복을 넘어 조직의 성과 창출에 직결되는 심리자원이며, 목적감사, 자기감사, 상황감사, 당연감사를 통해 효과적으로 활성화될 수 있습니다.
이런 긍정심리는 정신건강, 인간관계, 신체 건강, 자기계발의 동력원이 되어 일과 삶을 성공적으로 이끌어 가게 됩니다.

THANKS H.E.R.O.

제3장

감사문화 만들기
핵심 방법

THANKS H.E.R.O.

3.1. 핵심 방법

□ **감사활동의 4영역**

감사활동은 조직 현장의 상황에 맞도록 다양하게 진행될 수 있지만, 다음의 것들은 어느 경우나 기본적으로 필요한 것들입니다.

감사활동은 '생각하고, 쓰고, 말하고, 나누기'라는 4영역으로 구분할 수 있으며, 각각의 영역에서 진행되는 핵심 방법은 다음의 표와 같습니다.

이런 활동들을 통해서 당연감사, 상황감사, 자기감사, 목적감사를 연습합니다.

<감사활동 영역과 핵심 방법>

생각하고	쓰고	말하고	나누기
• 감사명상	• 감사일기	• 감사미소	• 감사편지 • 감사카드 • SNS감사 • 감사보드판, 감사트리

3.2. 감사명상

❏ 감사명상은 '감사생각'이다

에몬스(Emmons)는 감사(Thank)와 생각(Think)은 같은 어원으로 생각을 통해 인식하고, 의지적으로 인정하고, 마음에서 감사함의 느낌이 있는 3가지가 합해질 때 비로소 완성된다고 합니다.

1. 생각을 통해 인식하기

감사하는 마음은 스스로가 어떤 좋은 일의 수혜자라는 것을 인식한다는 것

2. 의지력으로 인정하기

수혜자는 이익을 얻었음을 인정하며, 동시에 상대방이 단순한 우연이 아니라 제 뜻에 따라 나에게 이익을 주었다는 것을 깨닫는다는 것

3. 마음으로 감사함을 느끼기

감사는 감정적으로 심오한 측면이 있으며, 머리뿐 아니라 가슴으로 느낌이 필요하다는 것

감사는 공짜로 얻은 이익이 있다는 것과 그 이익을 제공한 누군가의 노력이 있다는 것을 깨닫기 위해서는 생각과 감정적 느낌이 일어나야 하는 만큼, 이때 감사명상(Gratitude Meditation)은 많은 도움을 줍니다.

실제로 감사명상은 현장에서 감사대상이 되는 사람, 상황 등 무엇이 감사하고 왜 감사한지를 구체적으로 떠올리는 과정에서 많이 활용합니다.

❏ 명상은 비즈니스맨의 경쟁력이 됐다

감사의 과정에서뿐 아니라 오늘날 비즈니스맨들에게 명상이 필요한 이유는 현대 사회의 빠른 변화와 높은 경쟁 속에서 정신적 안정과 집중력 유지가 필수적이기 때문입니다. 다음과 같은 이유로 명상은 직장인들에게 큰 도움이 됩니다.

1. 스트레스 관리 및 정신적 회복

비즈니스 환경은 높은 압박과 지속적인 의사 결정을 요구합니다. 명상은 부정적인 감정을 조절하고 스트레스를 해소하는 데 효과적이며, 이를 통해 장기적인 번아웃을 예방할 수 있습니다.

2. 집중력과 생산성 향상

명상은 마음의 혼란을 줄이고 주의력을 향상시키며 이를 통해 중요한 회의, 프레젠테이션, 협상에서 보다 논리적이고 침착하게 대응할 수 있습니다.

3. 창의성 증진

문제를 해결하거나 새로운 아이디어를 도출할 때 창의적인 사고가 필수적입니다. 명상은 뇌의 활동을 최적화하여 기존 사고의 틀을 벗어난 창의적인 해결책을 찾는 데 기여합니다.

4. 감정 조절 및 리더십 강화

비즈니스 리더는 팀원과의 원활한 소통과 공감이 필요합니다. 명상을 통해 감정을 조절하면 더 나은 리더십을 발휘하고, 갈등 상황에서도 현명하게 대처할 수 있습니다.

5. 결정력과 직관 강화

명상은 내면의 소리에 귀 기울이고 직관을 강화하는 데 도움을 줍니다. 복잡한 상황에서도 감정적인 반응보다 명확하고 전략적인 의사 결정을 내릴 수 있도록 도와줍니다.

6. 건강한 라이프스타일 형성

지속적인 명상 습관은 수면 질 향상, 면역력 향상, 혈압 안정 등의 신체적 이점을 제공합니다. 건강이 뒷받침될 때 더 오랜 기간 지속 가능하게 일할 수 있는 체력과 정신력을 유지할 수 있습니다.

7. 워크-라이프 밸런스 유지

비즈니스맨들은 종종 일에 몰입하면서 개인 생활을 소홀히 하기 쉽습니다. 명상은 현재 순간에 집중하는 습관을 길러 업무와 삶의 균형을 찾는 데 도움을 줍니다.

결론적으로 현대 비즈니스 환경에서는 멘탈 관리가 곧 경쟁력입니다. 명상을 통해 스트레스를 줄이고, 집중력을 높이며, 창의적이고 직관적인 리더십을 키우는 것이 장기적인 성공을 위한 중요한 요소가 될 수 있습니다.

이런 이유로 특히 비즈니스 세계에서 명상에 심취하고 있는 것 같습니다. 한 마디로 '일은 2배로 더 하는데도, 스트레스는 반으로 줄었다.'라는 것입니다.

❏ 일반적인 명상과 감사명상의 차이점

일반적인 명상은 현재의 순간에 집중하고 마음을 비우는 것이 핵심이며, 스트레스 완화, 집중력 향상, 감정 조절 능력 개발이 목적입니다. 방법적으로는 호흡, 신체감각, 소리, 생각 등에 집중하고, 알아차리는 과정입니다.

감사명상은 긍정적인 감정을 증폭시키고, 삶의 만족도를 높이는 것이 핵심이며, 스트레스 해소뿐만이 아니라 행복감과 감사하는 마음 키우기, 감사거리를 발견하기 등이 목적입니다. 방법적으로는 감사할 대상(사람, 경험, 상황, 사물)을 구체적으로 시각화하며, 감사의 이유를 떠올리고 몸과 마음으로 느끼며 표현(쓰고, 말하고, 나누기)하는 과정입니다.

결과적으로 감사명상은 일반명상의 좋은 효과와 감사가 주는 유익한 효과를 동시에 얻을 수 있습니다.

<일반명상과 감사명상의 차이점>

구분	일반명상	감사명상
목적	마음 치유, 심신 평안, 집중력과 관찰력 증진 등 많은 다양한 효과	내면에 잠재한 과거 현재 미래의 감사대상과 이유를 발견하고 시각화
핵심 요소	호흡, 신체감각, 생각을 알아차리고, 관찰하기	감사할 대상과 이유를 알아차리고, 관찰하기
방법	호흡명상 등 아주 다양한 유형의 명상법	감사활동 중, 일상생활 중, 특별한 상황에서 가능한 감사명상법
기대 효과	집중력 및 관찰력 향상, 감정 조절, 내면 평온 등 기대에 따른 다양한 효과	효과적인 H.E.R.O.의 활성화, 감사의 긍정적 효과 배가(행복, 관계, 건강, 성장)

❑ 감사명상의 유형

감사명상은 특정한 상황에 맞게 실천할 때 더욱 강력한 효과를 발휘합니다. 모든 순간에서 감사할 수 있다면, 삶 자체가 행복하고 긍정적인 에너지가 가득한 여정이 될 수 있기 때문입니다.

1. 감사활동 중 감사명상

- 목적 : 감사의 대상과 이유를 더 깊이 느끼고 내면화, 감사를 단순한 말이 아니라 진정성 있는 감정으로 만들기
- 방법 : 감사일기 작성 전이나 감사 표현을 하기 전에 호흡명상을 하면서 감사할 대상을 떠올리고 깊이 음미, 그 대상이 내 삶에 어떤 영향을 어떻게 주었는지 구체적으로 생각하기
- 효과 : 감사의 감정이 더욱 깊어지고 지속됨, 단순한 감사 표현이 아닌 진정성 있는 감사 습관 형성, 감사의 마음이 몸과 마음에 자리 잡아 긍정적 사고방식 강화

2. 일상생활 중 감사명상

- 목적 : 일상에서 감사의 마음을 유지하여 지속적인 행복감 느끼기, 단순한 행동을 하면서도 삶의 소중함을 깨닫기

- 방법 : 호흡할 때, 잠잘 때, 먹을 때, 걸을 때 등 일상의 알아차리기와 관찰, 감사하기
- 효과 : 사소한 일에도 감사하는 습관이 형성되어 삶의 만족도 증가, 일상의 스트레스 완화하고 평온한 마음 유지, 긍정적인 에너지가 쌓여 전반적인 삶의 질 향상

3. 심리상담 중 감사명상

- 목적 : 상담 중 부정적인 감정에서 벗어나 감사의 감정을 통해 희망스럽고 긍정적인 변화, 내담자의 고통 해결
- 방법 : 상담 중 힘든 경험에 대해, 그 속에서 배운 점이나 감사할 수 있는 요소를 찾아보기 "그럼에도 불구하고 감사한 것이 있다면 무엇일까요?" 질문을 통해 긍정적인 감정을 느끼도록 유도, 감사를 표현하는 동안 호흡을 가다듬고, 감사한 순간을 마음속으로 시각화하며 몰입
- 효과 : 문제 해결로 그치지 않고 긍정적인 감정과 내적 회복력 강화, 부정적인 경험 속에서도 희망과 의미 찾기, 상담 후에도 감사 습관을 지속해서 유지하여 마음의 안정과 성장

<감사명상의 유형>

시점	활용목적	방법	효과
감사 활동 중	감사의 대상과 이유를 더 깊이 느끼고 내면화, 진정한 감정으로 만들기	호흡명상 하면서 감사대상 떠올리고, 내 삶에 어떤 영향을 주었는지 구체적으로 생각하기	감사의 감정이 심화 지속, 진정성 있는 감사 습관 형성, 감사가 몸과 마음에 자리 잡아 긍정사고방식 강화
일상 생활 중	일상에서 감사마음 유지, 지속적 행복감 느끼기, 삶의 소중함 인식	호흡할 때, 잠잘 때, 먹을 때, 걸을 때 등 일상의 알아차리기와 관찰, 감사하기	일상감사습관 형성, 삶의 만족도 증가, 스트레스 완화, 심신 평온, 긍정 에너지 축적으로 삶의 질 향상
심리 상담 중	부정적인 감정에서 벗어나 감사의 감정으로 변화, 내담자의 고통 해결	상담 중 힘든 경험에 대해, 그 속에서 배운 점이나 감사거리를 찾아 '그럼에도 불구하고' 상황감사	고민 해결, 긍정 감정과 내적 회복력 강화, 부정 경험 속에서 희망 발견, 상담 후 감사습관 유지 및 안정과 성장

감사 명상은 명상의 한 유형이긴 하나 감사성향을 높이는 감사 방법이며, 명상은 수련 방법으로서 많은 유형이 있고, 단계에 따라 점차 고도화되기도 합니다.

* 감사명상은 BEING-THINKING-DOING의 단계에 따라 총 12마당으로 구성했습니다만, 각 각에 대한 구체적인 내용은 본 저자의 다른 책 '감사명상'을 참고 바라며 여기서는 다음 장에 12마당 구성만 소개합니다.

❏ 감사명상 12마당

감사 명상 12마당은 수련단계에 따라 'BEING – THINKING – DOING'의 영역으로 구성했습니다.

감사는 당연감사, 상황감사, 자기감사, 목적감사의 4단계를 차례로 연습하면 좋습니다만, 반드시 그 단계를 거치지 않아도 큰 무리는 없습니다. 그러나 명상 초보자는 기초를 잘 다지고 점차 단계를 높여가야 합니다. 충분한 연습 없이 다음 단계로 넘어가면 무리가 따를 수 있습니다. 영어의 'Slow and steady wins the race(천천히 꾸준한 것이 경주를 이긴다)'에 담긴 교훈을 새기며 거북이와 토끼의 경주에서 거북이의 태도가 명상에서는 매우 바람직합니다.

<감사명상 12마당의 구성>

영역	마당	감사명상	기본개념
BEING	01 마당 02 마당 03 마당 04 마당	호흡명상 먹기명상 걷기명상 수면명상(이완명상)	일상 생명 활동인 숨쉬기, 먹기, 걷기, 잠자기 상황에서 의식적으로 알아차리고, 집중하고, 관찰하고, 생각하고, 감사하면서 말과 행동을 긍정적 방향으로 바꾸는 명상 - 주로 있는 그대로의 알아차림 연습
THINKING	05 마당 06 마당 07 마당 08 마당	염사관법 기혈관법 HERO관법 SDSF관법	기억 속의 상황을 의식적으로 떠올리며 당연감사, 상황감사, 자기감사, 목적감사를 하거나, 감사성향(감사의 범위, 밀도, 강도, 빈도)을 증진하기 위한 명상 - 주로 마음(감정, 생각, 갈망)의 관찰과 감사생각 연습
DOING	09 마당 10 마당 11 마당 12 마당	감사상담 감사소통 감사교감 감사선행	실생활에서 일어나는 개인 또는 조직의 문제 해결을 위해 개인적으로 또는 조직 구성원 집단을 대상으로 진행하며, 감사를 개입하여 긍정적 방향으로 해결하기 위한 명상 - 주로 현실 문제 해결을 위한 통찰과 행동전략 연습

3.3. 감사일기

❏ **감사일기 쓰기의 중요성에 대한 뇌과학적 설명**

감사일기를 쓰는 것이 특히 뇌과학적으로 중요한 이유는 뇌의 신경 가소성(Neuro plasticity)과 신경전달물질의 변화를 통해 긍정적인 사고방식을 강화하고, 스트레스를 줄이며, 전반적인 정신건강을 향상시키기 때문입니다.

다음과 같이 연구자들의 연구 결과를 종합하면 감사일기는 뇌를 긍정적인 방향으로 재구성하고, 정신건강을 증진시키는 강력한 도구라고 할 수 있습니다.

1. 뇌의 신경 가소성과 감사 연습

우리의 뇌는 사용 빈도에 따라 신경 연결이 강화되거나 약화되는 신경 가소성을 가지고 있습니다. 즉, 감사하는 습관을 반복하면 감사와 관련된 신경회로가 점점 더 강화되어 긍정적인 사고가 자동화됩니다. 따라서 감사일기를 지속해서 쓰면 뇌의 '전두엽(Prefrontal Cortex)'이 활성화되면서 긍정적인 패턴을 인식하는 능력이 향상합니다. 이는 문제 해결력과 감정 조절을 담당하는 '전측대상피질(Anterior Cingulate Cortex)'을 자극하여 스트레스 대응력을 높이는 데 도움을 줍니다.

2. 행복과 관련된 호르몬 분비촉진

감사를 하면 도파민(Dopamine)과 세로토닌(Serotonin), 엔도르핀(Endorphin) 같은 신경전달물질의 분비를 촉진합니다. 도파민은 보상 시스템을 활성화하여 동기부여를 증가시키고, 더 자주 감사하는 습관의 형성에 기여합니다. 세로토닌은 불안과 우울을 완화하는 데에 중요한 역할을 합니다. 이러한 신경전달물질이 분비되면 뇌가 자연스럽게 감사하는 태도를 더욱 강화하고, 장기적으로 정신건강을 개선하는 효과를 가져옵니다.

한편 감사는 '옥시토신(Oxytocin)'이라는 '사랑 호르몬'을 증가시켜 사회적 유대감과 공감력을 강화합니다. 이는 인간관계를 더욱 긍정적으로 만들고, 주변인들에게 더 따뜻한 감정을 가지는 효과를 줍니다. 따라서 감사일기를 지속해서 쓰면 타인의 좋은 점을 더 잘 발견하고, 공감 능력이 향상되며, 인간관계가 더욱 원만해집니다.

3. 부정적인 사고 패턴을 줄이는 효과

우리의 뇌는 생존을 위해 부정적인 정보를 더 잘 기억하려는 '부정적 편향(Negativity Bias)'을 가지고 있습니다. 하지만 감사일기를 쓰면 긍정적인 경험을 의식적으로 인식하게 되어 부정적 편향을 줄일 수 있습니다. 연구에 따르면, 매일 감사일기를 쓰는 사람들은 편도체(Amygdala)의 부정적 감정 반응이 줄어들고, 전두엽이 더욱 활성화되어 스트레스와 불안을 감소시키는 효과를 보입니다.

감사활동에서 감사일기 쓰기는 감사활동을 얼마나 잘하고 있는가를 가능할 수 있는 기준이 되기도 하고, 매일 감사일기를 쓰면서 자신의 긍정적 변화를 경험할 수 있는 중요한 수단입니다.

그래서 다음 장부터 현장에서 감사일기 쓰기를 지도하면서 많이 받았던 질문을 중심으로 정리하여 소개합니다.

❏ 질문 1. 감사일기를 노트에 쓰는 것보다 간편하게 감사 앱을 활용하는 것이 좋지 않아요?

감사일기를 노트에 손으로 직접 쓰는 것과 앱을 이용하여 입력하는 것은 각각 장단점이 있으며, 공통적으로 긍정적인 효과를 주지만 차이점도 존재합니다. 이를 비교해 보겠습니다.

다만 감사일기를 쓰는 행위 자체가 의미가 있는 만큼, 자신에게 맞는 방식을 선택하여 꾸준히 실천하는 것이 가장 중요합니다.

다음의 표를 참고로 다음과 같이 추천하니 좋은 방법을 선택하기를 바랍니다.

- 심층적인 감정 기록과 몰입도가 중요한 경우에는 감사노트에 손글씨로 적는다.
- 편리성과 지속적인 습관 형성이 중요한 경우에는 감사 앱에 입력한다.
- 둘을 병행하여 중요한 날은 감사노트에 손글씨로 쓰고, 평소에는 간단히 감사 앱을 활용한다.

<감사노트, 감사 앱 사용 시 차이>

영역	감사노트에 손으로 직접 쓸 때	감사 앱에 입력할 때
신경 활성화	'감각운동피질(Sensorimotor Cortex)'을 활성화하여 기억-감정의 연결이 깊어짐	디지털 입력은 속도가 빠르지만, 손으로 쓰는 것보다 신경 연결이 약할 수 있음
감각적 경험	펜을 잡고 글을 쓰는 촉각적 경험이 집중과 몰입감을 주고, 깊은 감정을 담을 수 있음	키보드나 음성 입력은 손글씨보다 빠르고 편리하나, 감각경험, 감정이 덜할 수 있음
습관 형성	노트에 직접 쓰는 것은 습관화하는 시간이 걸릴 수 있으나, 심리적 만족감 높음	앱은 알림 기능이 있어 꾸준히 습관을 들이기 쉽지만, 쉽게 잊혀질 가능성 있음
편리성	감사노트와 펜을 늘 준비해야 하고, 시간 장소의 제약도 있을 수 있어 불편	스마트폰만 있으면 어디서든 빠르게 기록 가능하며, 검색·백업 기능 활용 가능

❑ 질문 2. 매일 반복되는 일상에서 무슨 감사 일기를 쓰나요?

반복되는 일상 속에서 감사할 거리를 찾기는 쉽지 않지만, 약간의 시각을 바꾸면 얼마든지 찾을 수 있습니다. 처음 감사 나눔을 실천하려는 분들을 위해 몇 가지 쉬운 방법을 소개합니다.

1. 작은 것부터 감사하기

감사는 거창한 사건에서만 나오는 것이 아닙니다. 하루의 작은 순간들을 돌아보며 감사할 수 있는 것들을 찾아보세요.
예) 따뜻한 커피 한 잔을 마실 수 있음에 감사, 출근길 버스가 제시간에 와서 감사, 날씨가 좋아서 감사 등

2. 사람을 중심으로 감사하기

주변 사람들의 도움이나 따뜻한 행동을 떠올려 보세요.
예) 동료가 친절하게 문을 열어줘서 감사, 상사가 내 의견을 존중해 줘서 감사, 친구가 연락을 줘서 감사 등

3. 과정을 감사하기

결과가 좋지 않더라도 그 과정에서 얻은 것에 감사할 수 있습니다.
예) 회의에서 내 의견이 채택되지 않았지만, 표현할 기회를 얻었음에 감사, 오늘 운동은 힘들었지만, 건강을 위해 움직일 수 있어 감사

4. 불편한 경험에서도 감사 찾기

불편하거나 힘든 순간에도 배울 것이 있음을 인식하면 감사가 나옵니다.
예) 비가 와서 우산을 챙겨야 하는 번거로움이 있었지만, 덕분에 깨끗한 공기를 마실 수 있어 감사

5. 감사 체크리스트 활용하기

매일 같은 루틴이 반복된다면, 아래 체크리스트를 활용해 보세요.

- 오늘 아침 가장 먼저 감사했던 순간은?
- 오늘 나를 도와준 사람은 누구이며, 어떤 도움을 받았는가?
- 오늘 내가 웃었던 순간은?
- 오늘 나를 기분 좋게 만든 작은 일은?
- 오늘 나의 몸과 마음을 위해 한 행동은?

오프라 윈프리(Oprah Winfrey)의 감사일기를 참고하면 앞의 내용을 좀 더 이해하는 데 도움이 됩니다.
1) 오늘도 거뜬하게 잠자리에서 일어날 수 있어서 감사합니다.
2) 유난히 눈부시고 파란 하늘을 주셔서 감사합니다.
3) 점심때 맛있는 스파게티를 먹어서 감사합니다.
4) 얄미운 짓을 한 동료에게 화내지 않고 참을 수 있었던 나 자신에 감사합니다.
5) 좋은 책을 읽었는데, 그 책을 써준 작가에게 감사합니다.

결코 엄청난 감사거리가 아닙니다. 이렇게 생각을 조금만 전환하면 반복되는 사소한 일상 속에서도 감사할 거리를 충분히 찾을 수 있으며, 당연하다고 생각되던 것들이 소중하게 느껴지고 많은 감사거리가 떠오릅니다.

한번 시도해 보시고, 작은 감사가 쌓이면 큰 행복이 된다는 것을 경험해보세요!

☐ 질문 3. 감사일기를 쓰면 무엇이 긍정적으로 바뀐다는 것인지요?

사례는 무척 많이 있습니다만, 육군 ㅇㅇ특공여단 ㅇㅇㅇ여단장이 부대원들과 감사일기를 쓰고 또 『감사의 힘(The Power Of Thanks)』이라는 수기를 남겨 주었는데 요약하여 소개합니다.

「행복나눔125운동(1일1선행, 1월2독서, 1일5감사로 행복한 병영을 만드는 운동)과 함께 1,000 감사 쓰기를 시행하는 중이다. "직접 해보아야 할 말이 있겠다."라는 가슴의 외침을 들었다. 곧바로 감사 노트를 마련하였다.

막상 시작하려니 막연했다. 또한 매일매일 반복되는 것만 같은 일상 속에서도 미세한 차이와 소소한 감사를 찾아가며 감사노트를 채워왔다.

1,000 감사 쓰기를 하면서 느끼는 것 중 가장 놀라운 것은 시나브로 과거의 부정적 관점이 180도 긍정적으로 전환되고 있다는 것이다. 어느 사이 위기와 좌절의 기억이 정화되면서 몸속에는 행복한 기운이 회전하고 있음을 느낀다. 그것이 희망의 에너지를 생성하고 있다.

감사의 관점으로 세상을 바라보니까 참으로 삶은 축복이다. 삶에 따르는 모든 것에 감사할 수 있다는 확신을 가질 수 있게 되었다. 그리고 남아있는 삶의 여정(旅程)도 감사로 채울 용기와 자신감을 얻었다.」

이 내용을 보면 앞에서 연구자들이 말했던 감사일기 쓰기의 효과들을 그대로 경험하고 있다는 것을 알 수 있습니다.

❑ 질문 4. 감사일기는 꼭 하루에 5개씩 써야 하나요?

감사일기를 하루 5개씩 써야 하는 것은 권장하는 사항이며, 중요한 것은 '개수'가 아니라 '마음가짐'이며 '꾸준히 쓰는 것'입니다.

- 강박 없이 편안하게 : 하루에 1개라도 괜찮고, 10개도 괜찮습니다. 부담 없이 꾸준히 쓰는 것이 더 중요합니다.
- 진심을 담아 쓰기 : 억지로 숫자를 채우려고 하기보다, 작은 것이라도 진심으로 감사한 순간을 떠올려 보세요.
- 작은 감사부터 시작하기 : 처음엔 1~2개가 어렵다면, "오늘 기분 좋았던 순간"을 떠올리는 것부터 시작해보세요.

처음 시작하는 경우 1~2개씩 써도 충분합니다. 감사일기는 역사의 기록은 아니므로 매일 같은 것이 반복되어도 괜찮습니다. 익숙해지고 감사할 일을 잘 찾게 되면 점차 자연스럽게 더 많이 쓰면 됩니다.

감사일기를 쓰다 보면 세상에는 감사할 일이 너무 많다는 것을 깨닫게 됩니다. 그래서 하루 100가지 감사일기 쓰기에 도전하여 긍정적인 변화를 몸소 경험한 경우도 많습니다.

혹 100감사일기 쓰기에 도전하려는 분은 일단 1주일, 21일, 100일 등 기간을 먼저 설정하세요.

그리고 아침 일어나서부터 쓰기 시작하여 점심시간도 활용하고 시간 나는 대로 적어야 합니다. 저녁 식사 전까지 대략 60~70개 정도는 미리 써 놓아야 저녁 시간에 나머지 30~40개를 채워 100감사를 완성할 수 있습니다. 당연히 다음날로 미루면 정해진 기간 동안 100감사일기 쓰기를 성공하기 어렵습니다.

☐ 질문 5. 감사일기를 못 쓰는 날이 계속되면 포기하고 싶은데 어쩌면 좋을까요?

감사일기를 매일 쓰는 것이 이상적이지만, 현실적으로 며칠씩 못 쓰는 경우도 충분히 있을 수 있습니다. 중요한 것은 완벽함보다 지속성입니다. 며칠 빠졌다고 해서 포기하는 것이 아니라, 다시 시작하는 것이 가장 중요합니다. 포기하지 않고 다시 시작하는 방법은 다음과 같습니다.

1. 완벽하지 않아도 된다고 생각하기

매일 쓰는 것이 어렵다면, 일주일에 몇 번이라도 꾸준히 쓰는 것이 더 중요합니다. 하루 빠졌다고 실패한 것이 아니니, 부담을 줄이고 다시 시작하세요.

2. 간단하게라도 적어보기

길게 쓰려고 하면 부담이 될 수 있어요. 짧게라도 '오늘 기분이 좋았던 순간'이나 '감사한 한 가지'만 적어도 충분합니다.

3. 놓쳤던 날에 대해 죄책감 갖지 않기

감사일기는 의무가 아니라 나를 위한 도구입니다. 몇 번 빠졌더라도 '지금 다시 시작하면 된다'라고 생각하세요.

4. 못 쓴 날들을 묶어 퉁쳐서 적기

못 쓴 날 들이 연속되면 모두 묶어 퉁쳐서 원래 5개씩 적었다면 5개만 적고, 3개씩 적었다면 3개씩 적으세요. 그리고 다음 날부터는 원래대로 하면 됩니다.

나도 모르게 게으름이 생기면 초심으로 돌아가 감사일기를 쓰기로 한 이유를 다시 생각해보세요. 그리고 감사일기를 쓸 때 느꼈던 긍정적인 감정을 떠올리면 다시 동기부여가 됩니다.

핵심은 '다시 시작하는 것'입니다. 며칠 못 썼다면 그냥 다시 써도 됩니다. 감사는 언제든 시작할 수 있으니까요. 포기하고 싶을 때는 부담을 덜고, 작은 것부터 다시 시작해보세요. 절대 절대 절대 포기하지 마세요.

❏ 질문 6. 감사일기는 언제 쓰는 것이 가장 좋을까요?

감사일기를 쓰는 최적의 시간은 개인의 라이프스타일과 성향에 따라 다를 수 있지만, 일반적으로 아침과 저녁이 많이 추천합니다. 각각의 장점이 있으니, 자신에게 맞는 시간을 찾아보세요!

• 아침에 감사일기를 쓰는 경우 장점

긍정적인 마음으로 하루를 시작할 수 있고, 오늘 하루를 기대하며 감사할 일을 미리 설정 가능하며, 하루를 계획하면서 더 의미 있는 시간을 보낼 수 있는 장점이 있습니다. 어제 있었던 감사한 일을 돌아보며 적거니, 오늘 기대되는 일이나 미리 감사할 것을 적거나, '나는 오늘 이런 점을 감사하며 보낼 거야!'라는 다짐을 적는다.

• 저녁에 감사일기를 쓰는 경우 장점

하루를 돌아보며 좋은 순간을 떠올릴 수 있고, 감사함을 느끼며 마음이 편안해져서 숙면에 도움이 되며, 힘들었던 하루라도 긍정적인 면을 발견할 수 있는 장점이 있습니다. 오늘 있었던 감사한 일을 적거나, 힘들었던 상황 속에서도 배운 점이나 좋았던 점 찾아보거나, 감사한 사람이나 순간을 떠올리며 따뜻한 감정 느끼며 적는다.

결국 긍정적인 하루의 시작을 원한다면 아침에, 하루를 정리하며 감사하는 습관을 원한다면 저녁에 적는 것이 좋겠습니다.

그러나 무엇보다 가장 중요한 것은 꾸준히 실천하는 것! 어느 시간이든 부담 없이 실천할 수 있는 시간이 '내게 가장 좋은 시간'입니다. 한 번 정해서 고집하기보다, 내 생활 패턴에 맞게 유연하게 조정하면 됩니다.

그동안 사례를 보면 출퇴근을 하는 직장인들은 야근도 있고, 저녁 약속도 있고 하여 집에 오면 피곤해서 감사일기 쓸 여유도 없이 잠자기 바쁠 수도 있습니다. 그래서 10분 정도 일찍 출근하여 적는 것이 가장 지속성이 있고, 군대의 용사는 저녁 식사하고 양치질하고 자유시간을 가지기 전 바로 감사일기를 쓰는 것이 효과적일 수 있습니다.

☐ 질문 7. 요즘 바쁘고 힘든 일이 있어서 감사일기 쓸 기분도 아닌데 어쩌면 좋을까요?

그럴 때도 당연히 있을 수 있습니다. 바쁘고 힘든 일이 많을 때는 감사일기를 쓰는 것조차 부담스럽게 느껴집니다. 하지만 이런 시기에 감사일기가 작은 위로가 되고 더욱 힘이 될 수 있다는 점을 기억하면 좋을 것 같습니다. 힘이 드는 날은 다음과 같이 해보세요.

1. 억지로 감사를 찾지 않아도 괜찮습니다.

'오늘은 감사할 기분이 아니다'라고 솔직하게 적습니다. 그래도 작은 것 하나라도 떠오른다면 적어보되, 떠오르지 않아도 괜찮습니다.
예) "오늘 너무 바빠서 지쳤다. 감사할 기분은 아니지만 그래도 따뜻한 커피 한 잔이 위로가 되어 감사합니다."

2. 아주 사소한 것이라도 적기

감사할 만한 큰 사건이 없어도 그냥 숨 쉬고 있는 것, 따뜻한 물을 마신 것, 잠시 쉴 수 있었던 것도 감사의 대상이 됩니다.
예) "따뜻한 이불 속에서 잠을 잘 수 있어서 감사합니다." "오늘 하루를 무사히 보내서 감사합니다."

3. 힘든 감정도 인정하고 적어보기

힘든 감정을 무조건 긍정적으로 바꾸려고 하지 않아도 됩니다. 오히려 '오늘 정말 힘들었지만, 그래도 이런 점은 다행이었다'라고 적으면 감정 정리에 도움이 됩니다.
예) "일이 너무 많아서 힘들었지만, 그래도 동료가 도와줘서 덜 힘들었다. 감사합니다." "마음이 지쳤지만, 그래도 음악을 들으며 조금은 위로를 받을 수 있어 감사합니다."

4. 감사일기의 방식을 바꿔보기

글로 적는 것이 힘들다면, 음성 메모를 해보거나 핸드폰 메모장에 간단히 적어보세요. 감사일기를 1줄만 써도 충분합니다.

육군은 지금도 1,000감사일기 쓰기 운동을 하는 단위부대가 많습니다. 부대에 따라 감사일기를 쓴 후의 변화를 공유하는 행사도 합니다.

나이가 30여 세 된 병장의 이야기입니다. 나이가 많으니 본인보다 10살이나 어린 동생들과 병영 생활이 힘들었겠다는 생각이 얼른 납니다. 매일 어린 동생들과 부딪치면서 어땠을까 측은하기도 합니다만, 그래도 부대에서 추진하는 1,000감사일기 쓰기를 하면서 잘 극복할 수 있었다고 합니다.

그리고 감사를 쓰면서 '몰입의 즐거움'도 느끼고, '글에는 힘이 있다'라는 것을 새삼 깨달았다고 합니다. 이것은 작지만, 무척 소중한 경험입니다. 감사일기를 쓰면서 이런 경험이 축적되면서 더 행복해지고, 일도 더 잘 됩니다.

이것은 힘들 때일수록 더 감사하라는 교훈입니다. 그러면 더 큰 긍정적 결과를 경험할 수 있습니다.

육군 감사나눔 페스티벌 모습

❑ **질문 8. 요즘 바쁘고 힘든 일이 있어서 감사일기 쓸 기분도 아닌데 어쩌면 좋을까요?**

감사성향은 우리가 감사함을 얼마나 자주, 깊이, 넓게 느끼는지를 나타내는 성향을 의미합니다. 이는 크게 4가지 요소(강도, 밀도, 범위, 빈도)로 나눌 수 있습니다.

에몬스(Emmons), 멕컬러(McCullough), 챙(Tsang)은 감사성향을 '사람들이 획득한 긍정적인 경험과 결과에서 타인이 베풀어 준 자비에 대해 고마운 정서로 인식하고 반응하는 일반화된 성향'이라고 설명합니다.

감사활동을 다른 측면에서 보면 감사성향을 높이는 활동이라고 볼 수 있습니다. 한편 감사성향은 조직에서 감사활동을 제대로 잘하고 있는지를 판단하는 지표가 되기도 합니다. 그래서 감사성향을 높이는 감사일기 쓰기는 의미가 크며 다음과 같은 방식을 추천합니다.

<감사성향을 높이는 감사일기쓰기>

감사성향	기본개념	감사일기 쓰기 방법
강도 Intensity	얼마나 구체적으로 감사하나?	구체적 감사(상세 서술) : 왜 감사한지, 어떻게 감사한지를 자세히 서술
빈도 Frequency	얼마나 자주 감사하나?	시공별 감사(시공 나열) : 하루 감사를 장소와 아침, 점심, 저녁으로 나누어 서술
범위 Span	얼마나 다양한 대상에 감사하나?	대상별 감사(대상 확대) : 자연, 사물, 환경, 과거, 미래 경험까지 감사 대상을 확장
밀도 Density	한 상황에서 얼마나 많은 대상에 감사하나?	주제별 감사(주제집중) : 한 가지 사건에서 여러 가지 더 많은 감사거리 탐색

❑ 질문 9. 감사일기를 쓰기의 효과를 극대화하려면 어떻게 할까요?

감사일기 쓰기의 효과를 극대화한다는 것은 감사가 주는 유익한 효과를 즉 H.E.R.O.활성화, 행복, 관계, 건강, 일, 학업의 효과를 더 좋게 한다는 의미이며, 다음의 2가지 질문을 스스로 해볼 것을 권합니다.

첫째, 감사일기를 쓰면서 어떤 느낌이 일어났는가?
둘째, 감사일기를 쓰면서 어떤 긍정적 변화가 있었나?
셋째, 감사일기를 쓰면서 무엇을 새롭게 알게 됐는가?

그 답을 감사노트에 적는 것도 좋은 방법입니다.

자기가 묻고 스스로 답하면서 작지만 많은 변화를 경험할 수 있고, 내적인 성장이 이뤄지고, 계속 감사일기를 쓸 동기를 찾게 될 것입니다.

3.4. 감사미소

❏ **감사미소 : 감사합니다. 사랑합니다. 미안합니다. 소중합니다.**

일상생활에서 감사미소와 같은 긍정적인 말들을 '힘들다. 안 된다. 죽겠다. 어렵다'라는 부정적인 말보다 더 많이 사용해야 한다는 것입니다. 특히 조직에서 '감사합니다. 사랑합니다. 미안합니다. 소중합니다.'와 같은 긍정적인 말들은 단순한 예의 표현을 넘어 다음과 같이 조직의 문화와 성과에까지 긍정적인 영향을 미치는 중요한 요소가 될 수 있습니다.

1. 심리적 안정감 형성

구성원들에게 심리적 안정감을 제공합니다. 조직 내에서 자신이 존중받고 있다는 느낌을 받으면, 더 자유롭게 의견을 표현하고 창의적인 아이디어를 공유할 수 있습니다.

2. 신뢰와 협업 강화

조직 내에서 신뢰가 구축되면 협업이 원활해지고, 갈등이 줄어들며, 효율성이 증가합니다.

3. 긍정적인 조직문화 조성

말은 생각을 바꾸고, 생각은 행동을 변화시킵니다. 긍정적인 언어가 일상적으로 사용되면 조직 구성원들도 자연스럽게 긍정적인 태도를 갖게 되고, 결국 건강한 조직문화가 형성됩니다.

4. 구성원의 동기부여

특히 '감사합니다' '소중합니다'라는 표현을 자주 들으면 직원들은 자신이 인정받고 있다는 느낌을 받으며 동기부여가 됩니다. 이는 업무 몰입도를 높이고, 성과 향상으로도 이어질 수 있습니다.

5. 스트레스 감소 및 감정적 소진 예방

직장 내 부정적인 언어는 스트레스와 감정적 소진을 유발할 수 있습니다. 반면, 긍정적인 언어는 긍정적인 감정을 촉진하여 직원들의 정신적 건강을 지켜주는 역할을 합니다.

6. 고객 및 외부 관계에도 긍정적인 영향

조직 내 긍정적인 언어 사용 습관이 자리 잡히면, 고객과의 소통에서도 자연스럽게 긍정적인 영향을 미치게 됩니다. 고객이 조직을 신뢰하고 만족도를 느끼면 브랜드 이미지와 충성도가 높아집니다.

긍정적인 언어는 단순히 예의 바르고 기분 좋은 표현이 아니라 조직의 성과와 지속 가능성을 높이는 중요한 전략이 될 수 있습니다. 작은 말 한마디가 조직원들의 마음을 열고 건전한 소통을 촉진하며 조직을 성장시키고, 행복한 일터를 만드는 힘이 됩니다.

❑ 선진한마을, 회사에서 어떤 말을 들을 때 힘이 나고 행복할까?

선진한마을 직원들을 대상으로 회사생활을 하면서 '나에게 힘이 되는 한 마디'는 무엇인지 질문했을 때, 많은 직원이 아래와 같이 대답했습니다. 작은 위로를 받고 싶은 마음이 담겨있는 것 같습니다. 업종마다 구성원의 특성에 따라 다를 수 있겠습니다만, 우리 구성원들이 무슨 말을 들을 때 힘이 나고, 행복해하는지 관찰할 필요가 있고, 전체적으로 간단하게 설문해서 적극 활용할 것을 추천합니다.

"수고했습니다~."
"고맙습니다(감사합니다)."
"잘했습니다."
"할 수 있다!"
"힘내자. 파이팅!"

❑ 내가 60년간 한 번도 빠뜨리지 않고 되뇌는 한 마디 "감사합니다!"

이 말은 일본에서 '경영의 신(神)'으로 추앙받고 있는 이나모리 가즈오(稻盛和夫) 회장의 일성입니다.

그는 개인과 조직의 어려운 상황에 도움이 되는 다음과 같은 교훈을 남겼습니다.

「어떤 어려움이 닥치더라도 자신의 운명과 환경을 순순히 받아들이고 인내하면서 긍정적인 자세로 꾸준히 노력을 지속하는 사람은 언젠가는 반드시 인생의 화답을 받는다. 조직의 경영도 마찬가지다. 안 좋은 상황에 직면했을 때야말로 실은 감사할 수 있는 절호의 기회다. 경영자라면 감사하는 마음의 중요성을 잊어서는 안 된다. '언제 어느 때라도 감사하게 여기자.' 이는 실로 단순한 인생의 진리이지만 아무도 가르쳐주지 않는다.」
〈이나모리 가즈오(2021), 『왜 리더인가』, 김윤경 역, 다산북스〉

일의 본질 접근
↑ 마음이 맑아진 상태
마음의 정화
↑ 하루하루 일에 '전심전력'
'無心'의 상태
↑ 되새겨서 일상의 태도와 자세로 녹아들도록 함
감사하는 마음

첫째, 언제나 감사하는 마음을 지닐 것
둘째, 그 마음을 말로 읊조려 겉으로 드러내고 귀로 들을 것

3.5. 감사편지

❏ 감사일기와 감사편지의 차이점

감사일기와 감사편지는 핵심적인 감사활동으로 다 병행할 필요가 있습니다. 긍정적인 감정 증진, 심리적 웰빙, 감사의 습관화, 삶의 만족도 증가, 특히 H.E.R.O.심리자원의 활성화와 같은 공통적인 효과가 있으며 아래와 같이 차이점도 있습니다. 그래서 두 가지 방법을 병행하면 관계와 개인 성장 모두에 긍정적인 영향을 미쳐 더욱 균형 잡힌 감사 실천이 가능합니다.

<감사편지와 감사일기의 차이점>

구분	감사편지 쓰기	감사일기 쓰기
감사 대상	주로 다른 사람, 감사한 대상	자신 중심의 경험과 생각에 대한 것
핵심 효과	감사편지 주고받는 사람 간 상호작용 강화 → 관계개선, 유대감 강화 → 신뢰, 소속감, 협업증가	개인적 내면 변화에 집중 → 자기성찰, 내면성장 → 자아존중감, 자기긍정성 강화

☐ 감사편지 대상선정 : 가까운 관계에서 시작하여 점차 확대

감사편지는 다음을 참고하여 지금 이 순간 떠오르는 감사한 사람이나 대상으로 하면 무리가 없으며, 처음에는 부모님처럼 가장 가까이부터 시작하여 친지, 동료, 고객, 자연, 상황 등으로 점차 확대해 나가는 것이 좋습니다. 조직에서 어떤 특정 대상을 정하여 반강제적으로 감사편지를 쓰거나 부정적인 의도를 가지고 감사편지를 쓰는 것은 지양해야 합니다.

1. 최근에 도움을 받은 사람

최근에 직접적으로 도움을 주거나 배려해 준 사람(친구, 가족, 직장 동료, 선생님, 멘토, 상사 등)

2. 일상 속에서 소중한 존재인 사람

특별한 사건이 없더라도 늘 곁에서 힘이 되어주는 사람(부모님, 배우자, 연인, 형제자매, 오랜 친구 등)

3. 본인의 성장에 영향을 준 사람

학업, 직장, 취미 등 어떤 분야든 긍정적인 영향을 준 사람(선생님, 교수님, 직장 선배, 멘토, 코치 등)

4. 평소 고마움을 표현하지 못한 사람

가까운 사이지만 감사의 말을 자주 하지 못했던 대상(함께 일하는 동료, 친한 친구, 가족 등)

5. 사회적으로 감사한 사람

사회적으로 많은 사람을 위해 헌신하는 분(의료진, 경찰, 소방관, 환경미화원, 배달원 등)

6. 고객, 직원, 동료에게 감사 편지 쓰기

회사나 사업을 운영하는 경우 직원, 동료, 고객사, 협력사 등 이해관계자

❏ 감사편지의 감사 개수 : 30개, 50개, 100개

감사편지는 몇 가지 유형이 있겠고, 감사의 개수도 희망하는 대로 쓰면 되겠지만, 무엇보다도 진정성이 중요하고, 경험적으로 받는 사람의 입장에서 보면 적어도 30개를 써야 감동이 시작되는 것 같습니다. 그래서 30개(1시간 이내 가능), 50개(2~3시간), 100개(4시간 이내) 단위로 쓸 것을 권합니다.

1. 감사의 깊이를 강조 가능

몇 개의 감사로는 다 표현할 수 없을 정도로 깊은 감사를 표현하여 더 큰 감동과 놀라움을 선사
예) 부모님, 배우자, 스승님, 친구 등에 감동을 전하여 상대가 "내가 이렇게 많은 좋은 영향을 주었구나!" 하고 깨닫게 됨

2. 감사의 범위를 확장

여러 개의 감사로 평소 생각하지 못했던 사소한 부분까지 감사함을 표현하며 일상의 소중함을 깨닫게 하는 효과
예) "내가 받은 작은 배려도 감사할 줄 아는 사람"이라는 메시지를 전할 수 있음

3. 특별한 날을 기념하는 의미

생일, 기념일, 스승의 날, 어버이날 같은 특별한 날에 맞춰 숫자에 의미를 부여
예) 30개 감사(부모님 30번째 결혼기념일), 50개 감사(배우자 50번째 생일), 100개 감사(스승님께 100가지 배운 점을 돌려드리는 의미)

4. 단기적으로 감사의 습관과 긍정적인 마음 형성

감사 100가지를 적는 과정에서 스스로 과거, 현재, 미래의 감사한 것들을 돌아보는 계기가 되고, 단기적으로 긍정적인 감정을 키우는 연습이 됨, 100개를 쓰고 나면 얼굴빛도 밝아지고, 성취감을 맛보게 됨

따라서 100감사편지 쓰기를 꼭 경험하길 권합니다.

❏ 감사편지 내용 구성 : 당연하고 소소한 것

이때야말로 '감사명상'을 통해 의식적으로 과거와 현재 미래의 감사거리를 떠 올리고, 진정성을 끌어 올려야 합니다.

1. 감사편지 대상에 대한 감사거리 떠올리는 요령

- 감사 쓸 대상의 과거, 현재, 미래를 시간대별, 주제별로 생각해본다.
- 당연하고 소소한 것들을 생각한다.
- 감사 대상의 좋은 태도, 성격적 강점, 선한 행동을 찾아본다.
- 감사 대상의 단점 혹은 과거 갈등의 원인에 대한 관점 전환을 한다.
- 미안함(용서받을 일)을 감사로 바꾸어 생각해본다.

2. 감사편지 쓸 때 진정성을 더한 감동 표현 요령

- 나에게 베푼 것들이 어떤 영향을 주었는지 구체적으로 표현
  예) "항상 저를 도와주셔서 감사합니다. (너무 일반적이고 감동이 적음)"
  → "지난번 제가 힘들어할 때 아무 말 없이 제 옆에 있어주신 게 정말 큰 힘이 되어 덕분에 다시 일어설 용기를 낼 수 있었습니다. 감사합니다."
- 감사의 의미와 감정을 솔직하게 표현
  예) "선생님께서 해주신 따뜻한 말씀 덕분에 제가 저 자신을 믿을 수 있게 되었고, 지금의 제가 있기까지 선생님의 가르침이 큰 힘이 되었습니다. 감사합니다."
- 앞으로의 다짐이나 지속적인 관계를 바라는 표현
  예) "저도 받은 사랑을 다른 사람들에게 전할 수 있는 사람이 되도록 노력하겠습니다. 감사합니다." "앞으로도 늘 감사한 마음을 간직하고, 더 좋은 모습으로 보답하겠습니다. 감사합니다."

❏ 감사편지는 무엇보다도 진정성이 중요

그동안 부모, 배우자, 자녀에게 눈물로 쓴 감사편지가 많습니다. 새삼 그 대상의 소중함이 느껴져 원망이 사랑으로 변하고, 나 자신의 관점이 바뀌어 자녀를 바라보는 눈이 바뀝니다,

감사편지의 감동은 일차적으로 감사편지를 쓰는 바로 그 자리에서 일어나고, 이차적으로 감사편지를 전하고 상대가 읽어 봄으로써 바로 일어나며, 삼차적으로는 이 편지의 결과로 서로를 보는 시선, 서로에게 대하는 말과 행동을 통해 또다시 일어납니다.

• 여주시 창명여자중학교에서 감사편지 쓰기

감사교육 의뢰를 받고는 여중생과 감사편지를 쓰자고 하면 잘 따라 할지 걱정이 앞서 망설이다가 감사를 사랑하시는 교감 선생님을 도와드려야 한다는 생각으로 1, 2, 3학년 전원이 한곳에 모여 감사편지를 쓰고, 각 학년에서 1명씩 발표를 하게 됐습니다.

1학년 학생부터 발표하는데 아빠에게 쓴 감사편지를 읽지도 못하고 닭똥 같은 눈물을 흘리는 것이었습니다. 2, 3학년 학생도 눈시울이 붉어졌습니다. 이 상황을 보면서 그동안 가지고 있었던 '말썽꾸러기 중학생'이라는 이미지가 흔들렸습니다. '하기 나름이겠구나' 하는 생각이 들었습니다.

이 어린 학생들은 공부와 경쟁에 시달리면서 누구와 무슨 따뜻한 이야기를 나누며 성장하고 있을까? 궁금하기도 하고 측은한 마음이 들었습니다.

우리의 교육 현장에서 혹 무리한 부탁일 수 있겠지만, 선생님들이 감사를 배우고, 학생들과 함께하면 교사도 학생도 부모도 얼마나 행복하고 좋을까 하는 생각이 절로 들었습니다.

• 삼성중공업㈜ 산청연수원에서 감사편지 쓰기

삼성중공업은 협력사를 포함하여 전 직원이 30감사편지 쓰기를 하고, 반장급 이상은 1박 2일씩 '감사나눔 리더 캠프'를 하면서 100감사편지를 쓰는 활동을 지속했습니다.

삼성중공업 협력사와 진행하던 어느 날 어머니에게 감사편지를 쓰는 한 분에게 어떤 내용인지를 공유해 달라고 청했습니다. 그분은 첫 감사 '어머니, 나를 낳아 주셔서 감사합니다."

라고 하더니 눈물이 터졌습니다. 그래서 박수를 치니 두 번째 감사 "어머니, 나를 키워주셔서 감사합니다." 그리곤 감정이 복받쳐 더 읽지 못하여 박수를 치니, 세 번째 감사 "어머니, 나를 굶지 않게 해 주셔서 감사합니다." 눈물을 흘리며 네 번째 감사 "어머니, 아버지와 살아 주셔서 감사합니다." 이제 눈물이 더 굵어져 더 읽지 못했습니다.

아무 수식어도 없었지만 듣고 있던 다른 직원들은 물로 진행하는 나 자신의 가슴을 먹먹하게 했습니다. 울어서라기보다. 그 단순한 감사 속에서 진정성이 느껴졌기 때문입니다.
삼성중공업에서는 감사활동을 통해 가장 많은 감사의 불씨들이 일어났습니다. 인원수가 많기도 했지만, 경영진의 솔선수범과 조직문화팀의 헌신, 임직원들이 진심으로 이 활동에 참여했기 때문이라고 생각됩니다. 그래서 삼성은 뭔가 달라도 다르구나 하는 생각을 하게 됐습니다.

감사에 열심이었던 포스코, 삼성중공업과 같은 초일류기업들이 그냥 탄생하는 것이 아니라, 독특한 조직문화가 살아있다는 것을 느낄 수 있었습니다. 내가 바뀌고, 가정이 바뀌고, 일하는 분위기를 바꾸어 낸 그 시절 포스코와 삼성중공업의 감사 불씨들이 아직도 살아서 이 세상을 행복하게 하고 있을 것으로 믿습니다.

• 군부대에서 감사편지 쓰기

군부대에서의 감사편지는 용사의 경우 어머니, 부모님을 대상으로 하고, 간부급은 아내를 대상으로 하는 경우가 좀 많았습니다. 용사들의 감사편지 내용의 공통점은 물론 낳아 준 것에 감사한 것이지만, '중고등학교 다니면서 어머니 속을 많이 썩였는데 그래도 어머니는 항상 내 편이어서 감사합니다.'라는 것들입니다.

이처럼 감사편지를 통해 과거의 좋았던 것들을 다시 기억할 뿐 아니라, 반성도 하고 원망도 바뀌며, 더 희망적인 내용도 담는다는 점에서 포괄적으로 감사편지는 마음을 정화하는 기능이 있습니다.

군에서는 전우끼리 감사편지를 주고받는 사례도 있었고, '대한민국에 100감사'를 쓴 사례도 있어 군에서의 감사편지 쓰기가 매우 고무적입니다.

다음은 김해에 있는 육군 모 부대 소령의 아내에 대한 감사편지입니다. 아내에 대한 미안함, 고마움, 사랑스러움 등 직업군인만이 느낄 수 있는 애틋한 감정들이 표현되고 있습니다.

어느 소령의 아내에게 보내는 감사편지

2. 직업 군인의 아내가 어떠한 것인지도 모르지만 나만 믿고 따라와 주어서 감사합니다.

3. 처음 결혼하고 신혼생활을 원주. 홍천에서 할 때 혼자 얼마나 외로웠는지 그 시간을 견디어 내고, 나의 퇴근 시간만을 기다려 준 당신 감사합니다.

8. 첫 아이를 임신하고 강원도 화천으로 이사 가던 날 산골짜기 도로에 버스 안에서 눈물이 핑 돌던 그 모습이 아직도 미안하고 따라와 준 것에 감사합니다.

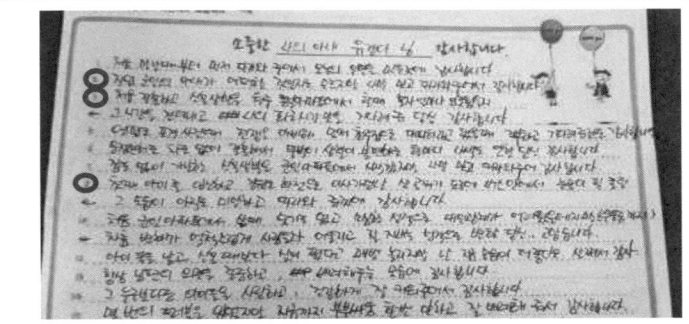

3.6. 감사카드

❏ **감사카드가 조직에게 주는 효과**

감사카드는 조직 구성원 간 마음을 주고받는 감사활동입니다. 조직원끼리 감사편지를 주고받기는 다소 어색한 면도 있겠지만, 감사카드는 편리하게 조직의 상하 간 수평 간 활용할 수 있는 장점도 있고, 단순한 감정 표현을 넘어, 아래와 같이 조직문화와 분위기를 긍정적으로 변화시키는 강력한 도구가 될 수 있습니다.

1. 동기부여 및 사기 진작

감사카드는 상대방이 한 일에 대해 진심 어린 피드백을 주는 도구가 됩니다. 이를 받은 사람은 자신이 조직 내에서 중요한 역할을 하고 있다는 사실을 인식하고, 더 열심히 일하거나 학습하려는 동기를 갖게 됩니다.

2. 관계 강화 및 팀워크 향상

감사의 표현은 조직 구성원 간의 갈등을 예방하고, 협력이 증대되며, 신뢰를 높여줍니다. 특히 팀 단위로 일하는 조직(회사, 병영, 학교 등)이나 공동체에서 서로 감사하는 마음을 나누며 팀워크를 강화할 수 있습니다.

3. 스트레스 감소 및 심리적 안정감 제공

직장인, 군인, 학생 등 다양한 조직의 구성원들은 감사카드를 주고받으며 심리적인 안정감을 느낄 수 있습니다.

4. 리더십과 팔로워십 강화

리더가 감사카드를 전달하면, 조직원들은 자신의 노력이 인정받고 있다고 느끼게 됩니다. 반대로 조직원들이 리더에게 감사의 마음을 전하면, 리더 또한 더 좋은 방향으로 조직을 이끌어야겠다는 책임감을 가질 수 있습니다.

5. 조직 내 정서적 유대감 형성

상호 간의 친밀감을 높여 부모와 자녀, 형제자매 간의 가족애, 회사 구성원 간의 동료애, 병영에서는 전우애 형성에 큰 영향을 줄 수 있습니다.

❏ 감사카드의 활용

감사카드는 '5감사카드'를 주로 사용합니다. 회사의 경우 자체 제작하여 사용할 수 있고, 전문기관에서 공급을 받아 활동하는 경우도 있습니다.

• ㈜오토소프트의 감사카드 활동

동사의 보고서에 의하면 2016년 8월부터 2024년 10월 현재까지 감사활동을 지속하고 있습니다. 이 기간 중 총 79,284건의 감사카드를 주고받았으며, 매월 둘째 주는 자체 '감사의 날' 행사를 추진하고, 분기별로는 '감사우수인'을 선정하여 포상하고 있습니다. 신규 입사자는 감사교육을 진행합니다.

이런 활동에 힘입어 감사활동이 직원들의 습관으로 자리 잡았고, 부정적인 감정 상태를 긍정적인 감정으로 변화시키는 노력이 향상했으며, 다른 회사의 직원에게도 감사의 마음을 전달하려는 자세가 형성되었다고 합니다.

한편 회사 차원의 변화는 다음과 같이 설명하고 있습니다.
- 다른 팀과의 소통에 감사활동이 긍정적인 역할로 작용하여 업무 효율 향상
- 회사를 보다 수평적인 구조로 변화시키는 역할로 작용하여 업무 효율 향상
- 손글씨로 정성껏 작성된 감사카드로 임직원 간 친밀도 향상

㈜오토소프트의 감사카드 활동 모습

3.7. SNS감사

❏ 감사문자 나누기의 효과와 주의점

SNS를 통해 감사를 나누면 개인뿐만 아니라 조직에 긍정적인 변화를 가져올 수 있습니다. 주의점을 잘 지키면서 진정성 있게 표현하는 것이 가장 중요합니다

1. SNS를 통한 감사 표현의 효과

• 빠른 확산과 공유

한 사람의 감사 표현이 여러 사람에게 공유되어 긍정적인 감정이 확산될 수 있습니다. 예를 들어, #감사챌린지 같은 해시태그를 활용하면 더 많은 사람들이 참여할 수 있습니다.

• 기록과 추억 저장

SNS에 감사 메시지를 남기면 시간이 지나도 다시 볼 수 있어서 감동을 오래 간직할 수 있습니다. 특히 사진이나 동영상과 함께 올리면 더 의미 있게 남을 수 있습니다.

• 관계 강화 및 긍정적 영향

감사의 말을 직접 전하기 어려운 사람에게 SNS를 통해 표현하면 관계가 더욱 돈독해질 수 있습니다. 감사 표현이 일상이 되면서 긍정적인 마인드셋을 형성하는 데 도움이 됩니다.

• 집단적 감사 문화 조성

많은 사람들이 감사 메시지를 나누면 커뮤니티나 조직 내에서 감사하는 문화가 형성됩니다. 기업, 학교, 병영, 공동체 등 단체에서도 SNS를 활용해 감사 나눔 캠페인을 진행하면 효과적입니다.

2. SNS에서 감사 나누기 활성화 방법(운영 및 정착 전략)

• 해시태그 활용
#감사일기 #ThankYouChallenge 등 조직에서 많이 사용하는 키워드로 참여 유도

• 이미지, 영상 활용
단순 텍스트보다 감동을 배가시킬 수 있음

• 이벤트와 연계
기업이나 단체에서 감사 메시지를 공유하면 리워드 제공

• 댓글 참여 유도
"여러분도 감사한 순간을 공유해주세요!" 등으로 참여 독려

• 정기적인 감사나눔
조직의 상황에 따라 매주 또는 매월 정기적으로 꾸준한 감사를 주고받는 날을 지정하여 전 구성원이 함께하는 것이 감사 습관화에 도움이 됩니다. 예컨대 매월 첫째 금요일 오후를 '감사나눔의 날'로 정하여 이날 SNS감사 뿐 아니라, 감사카드 쓰기, 감사편지 보내기 등의 감사활동을 종합적으로 추진하는 방식입니다.

3. SNS 감사 표현 시 주의점

• 진정성이 제일 중요
감사 표현이 형식적으로 보이면 오히려 역효과가 날 수 있습니다. 단순한 '고맙습니다. 감사합니다.'보다는 구체적인 이유와 감정을 담아 자연스럽게 감사하는 것이 가장 중요합니다.

• 개인정보 보호
감사 대상자의 실명, 얼굴 사진, 개인정보 등을 허락 없이 게시하면 문제가 될 수 있습니다. 게시 전에 동의를 구하거나 익명으로 표현하는 것이 바람직합니다.

- 오해의 소지

감사 표현이 특정 집단이나 개인에게만 집중되면 다른 사람들이 소외감을 느낄 수 있습니다. 가능한 한 다양한 사람들에게 감사의 마음을 표현하는 것이 좋습니다.

- 부정적 댓글 및 반응 관리

공개적인 게시물에는 예상치 못한 부정적 댓글이 달릴 수도 있습니다. 감사의 의미를 훼손하는 댓글이 있을 경우, 대응 방법을 미리 정해두는 것이 좋습니다. 과한 자랑으로 보이지 않도록 주의할 필요도 있습니다. 감사 표현이 자칫하면 본인의 미덕을 드러내기 위한 것으로 보일 수 있습니다.

3.8. 감사보드판, 감사트리

❏ **감사보드판, 감사트리(나무)의 효과와 주의점**

감사보드판이나 감사트리(나무)는 조직 내에서 감사문화를 조성하고 구성원 간 눈에 보이게 긍정적인 상호작용을 촉진하는 효과적인 도구입니다. 이를 회사, 병영, 학교와 같은 조직에서 활용할 때의 효과, 주의점, 활성화 방법은 다음과 같습니다. 단순한 이벤트로 끝나지 않도록 리더의 참여, 정기적인 보상, 시각적 매력, 교육을 통한 정착 노력이 필수적입니다.

1. 효과

• 조직 문화 개선

감사보드판이나 감사트리는 조직 구성원들이 서로 감사의 마음을 표현하도록 유도하여 긍정적인 조직문화를 조성합니다. 감사의 메시지를 공개적으로 주고받음으로써 구성원 간의 신뢰와 유대감이 더욱 강화됩니다.

• 동기 부여 및 성과 향상

감사를 받는 사람은 자신의 노력과 기여가 인정받고 있음을 느끼게 되어 동기부여가 됩니다. 감사하는 사람도 긍정적인 사고를 하게 되면서 업무 및 생활 태도가 개선될 수 있습니다. 조직 내 협업과 팀워크가 강화되며, 이는 결국 성과 향상으로 이어질 수 있습니다.

• 추진조직 차원에서 활동 상황 분석이 용이

감사보드판이나 감사트리를 통해 감사활동을 하면, 공개적인 것인 만큼 추진조직의 입장에서 얼마만큼 감사활동이 활성화되어 있는지, 얼마나 진정성을 가지고 활동하는지를 가늠하게 하여 향후 활동 전략을 수립하고, 촉진 정책을 수립하는 데 용이할 수 있습니다.

2. 활성화 방법 (운영 및 정착 전략)

• 리더의 솔선 참여

조직의 리더(경영진, 사령관, 교장, 교사 등)가 먼저 감사 메시지를 남기면서 참여를 유도해야 합니다. 리더가 솔선수범하면 구성원들도 자연스럽게 따라옵니다.

• 정기적인 이벤트 및 보상 활용

'이번 달의 감사왕', '가장 감동적인 감사 메시지' 등을 선정하여 작은 보상을 제공하면 참여율이 높아집니다. 특별한 날(창립기념일, 스승의 날, 연말 등)에 맞춰 감사 이벤트를 진행하는 것도 좋은 방법입니다.

• 감사 메시지 공유 및 확산

감사 메시지를 모아 뉴스레터, 사내 게시판, SNS 등에 공유하면 더욱 확산할 수 있습니다. 좋은 감사 사례와 어떤 긍정적인 변화가 있었는지를 지속해서 소개하면 구성원들의 참여도 높아지고 감사 표현도 익숙해집니다.

• 시각적으로 매력적으로 구성

감사보드판은 단순한 게시판이 아니라, 컬러풀하고 디자인적인 요소를 추가하면 더욱 흥미를 끌 수 있습니다. 감사트리는 실제 나뭇가지에 감사카드를 걸어둘 수 있도록 하면 눈길을 끌고 참여도가 높아질 수 있습니다.

• 감사 문화를 조직의 가치로 자리 잡게 하기

감사 활동이 단기적인 이벤트로 끝나는 것이 아니라, 조직의 핵심 가치(Core Value)로 자리 잡도록 지속적인 운영이 필요합니다. 교육 및 워크숍을 통해 감사의 중요성을 알리고, 조직 내 긍정적인 커뮤니케이션 문화로 정착되도록 유도해야 합니다. 이것은 전 감사활동을 활성화하는 데 필수 요소입니다.

3. 주의점

• 진정성 있는 감사표현

구성원들이 자발적으로 감사를 표현하는 것이 중요하며, 의무감에서 벗어나야 합니다. 눈에 보이는 공개적 감사이니만큼 형식적인 감사가 아니라 진정성 있는 감사 표현이 이루어지도록 유도해야 합니다.

• 모두 쉽게 참여하는 환경

특정 그룹의 일부 사람들만 참여하는 것이 아니라 모든 구성원이 쉽게 참여할 수 있는 설치 장소를 선정하고, 환경을 만들어야 합니다. 소외되는 사람이 없도록 관리자의 역할이 중요합니다.

• 가이드라인 제공

감사보드판이나 감사트리가 익명으로 운영될 경우 악용될 가능성이 있으므로, 긍정적인 표현을 장려하는 가이드라인을 제공하는 것이 필요합니다.

감사보드판 & 감사트리 활동 모습

THANKS H.E.R.O.

제4장

기업

감사문화 만들기 사례

(팀 중심 접근)

THANKS H.E.R.O.

4.1. 조직의 감사문화 만들기

❏ 회사의 규모와 관계없이 팀별(부문별) 자율 실행할 경우 유용

1. 경영진의 솔선수범

최고 경영진(CEO, 임원)이 먼저 감사 표현을 습관화해야 합니다. 감사의 중요성을 강조하는 메시지를 정기적으로 공유하고 직원들에게 감사 메시지를 직접 전달하는 경영진 나름의 루틴을 만들어 실천해야 합니다.

2. 감사 표현을 활성화하는 제도 마련

- 감사게시판, 감사트리 : 직원들 간의 감사를 표현하는 공간을 마련
- 감사포인트 제도 : 감사의 마음을 포인트로 주고받으며 보상으로 연결
- 감사데이 운영 : 매월 한 번(또는 매주 한 번), 팀원들이 서로 감사한 일을 공유하는 등의 감사활동을 하는 날 지정

3. 감사 표현을 일상에 녹이기

- 회의 시작 전에 '오늘 감사한 일' 등을 공유하는 시간 확보
- 이메일, 사내 메신저에서 감사 메시지 보내는 문화 장려
- "고맙습니다"라는 말을 적극적으로 사용하는 분위기를 조성

4. 감사의 성과를 측정하고 피드백 제공

- 감사 문화 확산을 위한 내부 설문조사를 주기적으로 진행
- 감사 활동이 업무 몰입도와 조직 만족도에 어떤 영향을 주

는지 분석
- 감사 사례를 뉴스레터나 사내 SNS로 공유하여 긍정적인 피드백을 제공

5. 감사문화를 강화하는 프로그램 운영

- 감사 리더십 교육 : 관리자들이 감사 표현을 자연스럽게 할 수 있도록 교육
- 감사 스토리 공유 : 감동적인 감사 사례를 공유하는 시간 확보
- 멘토링 및 피어 감사 프로그램 : 동료들끼리 서로의 노고를 인정하는 환경을 조성

6. 지속적인 동기부여

- 직원들이 감사 표현을 지속해서 실천할 수 있도록 리워드를 마련
- 감사 문화가 자리 잡도록 꾸준히 조직 분위기를 모니터링하고 보완

<u>* 다음의 사례를 참고하여 중소기업은 그대로 적용할 수 있고, 대기업도 팀 단위, 부문 단위로 활용할 수 있습니다. 그러나 규모가 큰 회사가 동시에 추진하려면 다음의 '5부 전략적 감사문화 만들기 방법'을 준용하는 것이 효과적일 수 있습니다.</u>

4.2. 사례기업 개요

❑ **기본정보(2024. 1. 1. 기준)**

회사의 규모에 따라 추진전략도 달라집니다. 선진한마을의 경우 유사한 교육이나, 컨설팅을 받은 사례가 없어 본 프로젝트의 효과를 있는 그대로 나타낼 가능성이 크며, 전 직원이 같은 내용과 동일한 조건으로 하에서 1년간 일관성을 가지고 지속 진행되므로 효과성 검증에 도움이 됐습니다.

<선진한마을 기본정보>

기 업 명	농업회사법인 ㈜선진한마을 / 하림그룹, ㈜선진 계열사
설 립 일	1999년 2월 9일
사 업 군	양돈
소 재 지	본사(경기 이천시 부발읍 신야로 58), 사업장(이천, 진천, 태안, 단양 등에 산재)
직 원 수	10팀, 170여 명(남성 80%, 여성 20%)
매 출 액	2,620억

4.3. 프로그램 실행계획 개요

❑ **실행계획 개요**

실행 명칭은 '선진한마을 감사나눔 ESG운동'이라고 했으며, 다음과 같이 목적, 목표를 설정하고 추진조직을 체계화했습니다.

<선진한마을 실행계획 개요>

실행명칭	『선진한마을 감사나눔 ESG운동』
목 적	새로운 선진한마을 조직문화 정착 • 조직 내 상호존중의 확산, 직원들의 자긍심 제고 • 업무몰입도 향상으로 생산성 증진
목표지수	행복지수, 긍정지수, 감사지수
기 간	2023년 1월~12월
실행조직	• 경영진(대표, 임원) : 분기 1회 땡큐간담회 • 땡큐사무국(기획실) : 매월 1회 계획 및 활동 점검 • 땡큐리더(팀장), 땡큐길라잡이(파트장) : 분기 1회 감사캠프 • 팀원 : 매월 1회, '감사한day'활동 • 자문위원 : 교육, 코칭, 행사, 총괄자문
2025 비전	'함께 성장하는 행복한 선진한마을'

4.4. 연간 일정계획

❏ 일정계획 개요

경영진, 리더(팀장)와 길라잡이, 구성원별 직급별로 필요한 활동 시간 계획에 따라 진행했으며, 특히 땡큐리더와 땡큐길라잡이의 경우 연말에 검정을 거쳐 '조직문화컨설턴트 자격증(민간)'을 수여하는 것으로 했습니다. 전 직원이 대상이 되는 교육의 경우는 매달 '감사한day'활동을 지방에 소재한 팀과 일정을 조정하여 현장에서 진행했습니다.

<연간 감사나눔활동 일정계획>

활동	대상	1월	2월	3월	4월	5월	6월	7월	8월	9월	10월	11월	12월
자문	경영진	비전 공유		1Q땡큐 간담회			2Q땡큐 간담회			3Q땡큐 간담회		4Q땡큐 간담회	
교육 '감사한Day'	땡큐리더 땡큐길라잡이	1Q감사 리더십			2Q감사 리더십			3Q감사 리더십			4Q감사 리더십		
	팀원	당연 감사	⇒	상황 감사	⇒	가정 행복	반기 결산	자기 감사	⇒	목적 감사	⇒	연간 결산	자율 감사
코칭	땡큐사무국	매월 계획	⇒	⇒	감사 환경	⇒	⇒	⇒	⇒	⇒	⇒	⇒	⇒
행사	전사	사전 진단								사후 진단			공감 대회

4.5. '감사한Day' 활동 개요

❑ 연간계획에 의한 팀 단위 '감사한Day' 세부 계획

<연간 감사나눔활동 일정계획>

월	활동주제	기대목표	핵심활동
1월	당연감사(1)	감사습관화 시작	감사일기 쓰기, 30감사편지 쓰기, 사전진단
2월	당연감사(2)	긍정성 활성화	감사카드 쓰기, 감사문자 보내기
3월	상황감사(1)	그럼에도 불구하고 감사	조별 상황감사
4월	상황감사(2)	회복탄력성 활성화	개인별 상황감사
5월	가정행복	가족소통 원활	가족에 감사편지, 감사사카드
6월	반기결산	긍정적 변화인식	긍정적 변화점검, 상반기 활동 우수자 선정 및 포상
7월	자기감사(1)	자존감 향상	나의 작은 성공 이야기
8월	자기감사(2)	유능감 활성화	자기감사 쓰기
9월	목적감사(1)	행복목표 구체화	나, 가정, 회사의 행복플랜 만들기
10월	목적감사(2)	희망감 활성화	미리 감사 쓰기
11월	자기진단	긍정적 변화점검	감사, 긍정, 행복지표 대한 자기점검, 긍정적 변화 확인
12월	연말결산	불씨발굴, 변화공유	연간활동 우수자 선정 및 포상

❑ 1월 당연감사(1) 활동 개요

1. 방법
개인과 가정, 회사에서 왜 감사나눔이 필요한지 설명 후, 감사노트 작성하고 발표, 30감사편지 쓰고 발표

2. 감사편지 쓰기 후 소감

• 어머니께 감사편지를 쓰고
- 남의 것을 탐내지 않는 올바른 정신을 가르쳐 주시어 감사합니다. 편지를 쓰면서 울컥울컥 했다.
- 베풂을 가르쳐 주신 어머니의 옛날 생각이 많이 났다. 사랑을 받고 사랑하는 법을 가르쳐 주시어 감사하다.
- 어머니에게 잘해 드려야겠다. 감사하다는 생각은 늘 하고 있었는데 표현해 보니 뭉클해졌다.

• 아내에게 감사편지를 쓰고
- 아내와의 첫 만남 추억과 아이들을 훌륭히 키워준 것에 대한 감사함을 느낌. 모르고 지냈는데 감사편지를 쓰면서 감사했던 것들을 새삼 알게 되었다. 앞으로도 착하게 살겠다.
- 사고를 친 일이 있는데 올바른 길을 가도록 해주었다. 찡하고, 아내를 다시 생각하는 계기가 되었다.
- 아내에게 미안하다, 술 먹고 늦어서… 반성도 하고, 사소한 것에 대해서도 감사함을 느낀다.

• 남편에게 감사편지를 쓰고
- 남편에게 고마움을 느끼고 감사할 일이 많다는 것을 느꼈다.

• 아들에게 감사편지를 쓰고
- 평소에 따뜻한 말을 못 해주었는데, 감사편지를 쓰다 보니 감사거리가 참 많다는 것을 알았다.
- 태어나서 감사하고 아토피가 있는데 병원 치료를 잘 받아주어서 감사하다.

❏ 2월 당연감사(2) 활동 개요

1. 방법
동료 간 5감사카드를 쓰고, 읽으면서 전달, 2명부터 많게는 4명의 동료에게 자율적으로 작성

2. 감사카드 쓰기 후 소감
- 감사카드를 동료와 나누고 나니 갈등이 생겼을 때 감사카드를 주면 원만하게 해결될 것 같다는 생각이 들었다.

- 생일자에게 월 1회 감사카드를 몰아주면 좋겠다. 실수를 많이 하는 데 좋게 봐주어 감사합니다.

- 감사카드로 상대의 긍정적인 것을 표현하니 상대에 힘이 되고, 의기소침할 때 감사편지를 쓰는 것이 좋겠다.

- 작은 것 하나의 표현으로 기분이 좋아지고, 느끼게 되고, 깨닫게 되니 서로의 관계가 좋아진 것 같아 감사합니다.

- 이 시간에 서로 웃을 수 있는 시간이 되어 감사합니다.

- 매일 반복되는 일에 스트레스가 쌓이는데 이 자리를 통해 긍정적으로 마음을 표현할 수 있어 감사합니다.

❏ 1월, 2월 당연감사 활동 후 분석

2개월간 감사활동 후 직원들의 솔직한 소감을 물었습니다. 아직도 어색하고, 감사활동 자체에 대해 부정적인 느낌이 남아있으나, 초기 단계에서 얼마든지 있을 수 있는 현상으로 칭찬하고, 격려하면서 지속하면 현격히 완화됩니다.

<2개월간 당연감사 활동 후 소감 분석>

긍정적 느낌, 깨달음	다소 부정적인 느낌	긍정적 행동으로 이행
• 감사한 일이 많구나. • 기분이 좋아진다. • 내가 누군가에게 고마운 사람이고 든든한 존재이다. • 상대를 더 존중하게 되었다. • 관계가 더 친밀해진다. • 웃을 수 있어 좋다. • 긍정적 삶의 태도를 가지게 됐다.	• 부끄러움 • 쑥스러움 • 낯간지러움 • 의무감, 숙제하는 기분 • 특별한 느낌이 안 생김	• 상대방이 좋아할 만한 행동을 해야겠다. • 친절하게 대해야겠다. • 일을 더 열심히 해야겠다. • 대화도 많이 하고 마음속 이야기를 털어놓는다. • 다시 사이가 좋아졌다. • 진심으로 소통이 된다.

❑ 3월 상황감사(1) 활동 개요

1. 방법 : 공통 상황감사

현장에서 바로 3~4명씩 조를 편성. 조별로 제공된 불편한 그림을 함께 보며 상황서술, 평소의 부정적 반응, 감사를 하는 입장에서의 반응을 적고 조별로 발표. 불편한 상황에서도 '그럼에도 불구하고 감사'를 찾는 연습

① 나의 어려운 상황을 간단하게 적는다.
② 일상의 부정적 반응을 적는다.
③ 그럼에도 불구하고 감사반응을 적는다.
④ 활동 후 느낌, 새롭게 알게 된 점, 소감을 적는다.

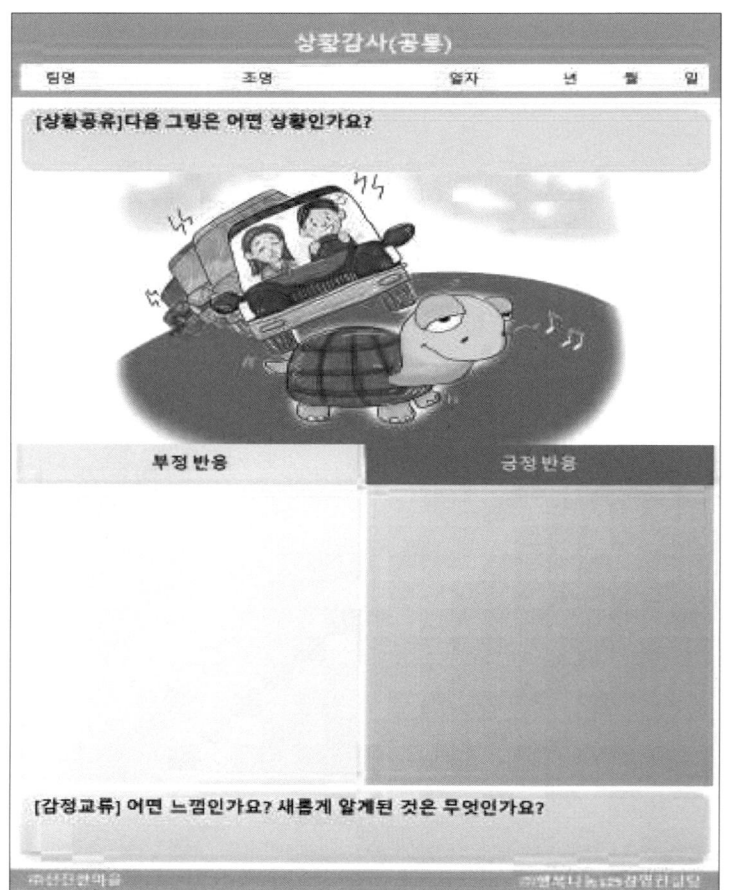

2. 공통 상황감사 조별 활동 후 소감

- 같은 그림이지만 해석하기에 따라 긍정적으로도 부정적으로도 생각할 수 있던 것처럼 일상생활에서도 긍정적인 방향으로 일을 풀어나간다면 좋을 것 같다.

- 아무리 힘든 시간이라도 긍정적으로 생활하면 될 것 같다. 생각의 전환 시간이 되어 감사하다.

- 감사하는 마음을 지속적으로 가져야 어려움 속에서도 긍정적인 점을 많이 찾을 수 있는 것 같다.

- 사소한 일에도 짜증이 많았는데, 조금씩 관점을 변화시켜 긍정적으로 변하는 모습에 감사하다.

- 활동지 그림을 봤을 땐 부정적인 상황이라고 생각했지만, 막상 글로 적다 보니 긍정적인 생각이 더 많았다. 우리는 생각보다 훨씬 긍정적인 삶을 살고 있다고 느꼈다.

- 부정은 비교적 찾기 쉽지만, 긍정적인 반응은 찾기 힘들지만 그럼에도 부정적 일상 속에도 긍정이 있다고 생각한다.

❑ 4월 상황감사(2) 활동 개요

1. 방법 : 자기 상황감사

현장에서 바로 3~4명씩 조를 편성. 개인적으로 최근 어려웠던 상황을 그림으로 그리고 조원들에게 설명. 조원들은 그 상황에서도 감사할 수 있는 것을 찾아주며, 최종적으로 본인에게 가장 도움이 되는 것을 선정하고, 선정이유 등 발표

① 나의 어려운 상황을 간단하게 적는다.
② 나의 어려운 상황을 간단하게 그림으로 그린다.
③ 상황에 대한 나의 부정 반응을 적고, 옆 동료에게 넘긴다.
④ 동료의 상황을 보고 감사거리를 찾아준다.
⑤ 동료가 적어준 감사 중에서 가장 마음에 드는 것을 고른다.
⑥ 이 활동 후 느낌, 새롭게 알게 된 점, 소감을 적는다.

2. 자기 상황감사 조별 활동 후 소감

- 부정적인 생각이 가득했지만, 세월이 지나 언젠가 감사의 마음을 기록할 날이 올 거라 생각된다.

- 선배들의 조언을 들을 수 있어서 좋았고, 긍정 반응을 찾는 게 어려웠다.

- 어려운 상황에서 나와의 공감대가 형성되는 것을 느꼈다.

- 평소에 생각에 그치던 것을 이런 자리로 인해서라도 계속 표현을 하게 되어서 좋은 것 같다.

- 나만 힘든 일인지 알았는데 다 힘들다는 생각이 들었다. 소통과 대화하는 시간이 되어 감사합니다.

- 다른 사람의 힘들었던 경험을 보며 공감되었고, 그 안에서 감사거리를 찾아주고 그 사람을 이해했을 때 뿌듯했다.

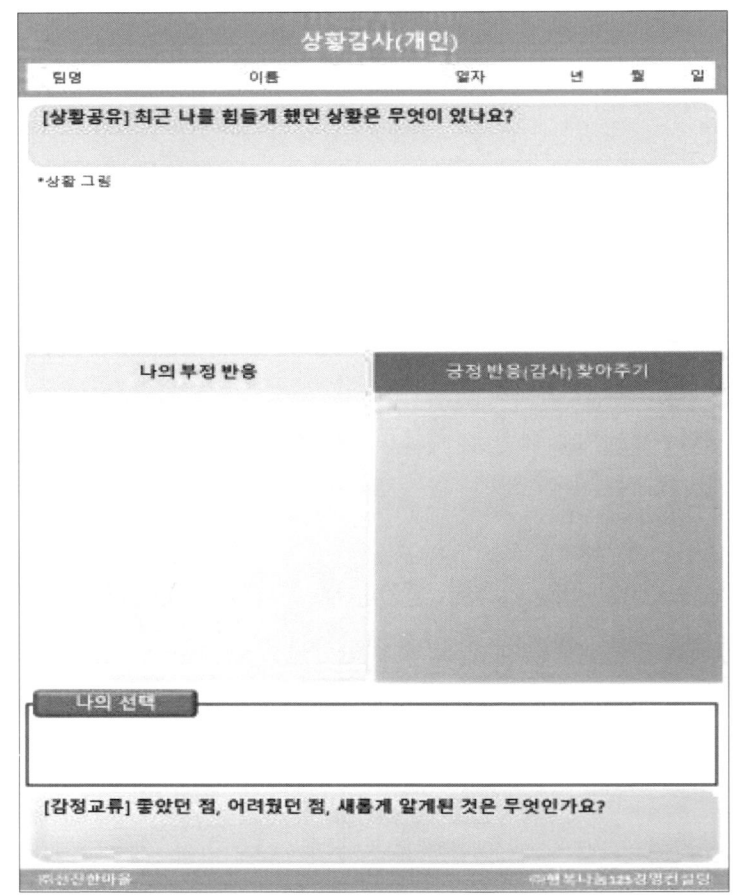

- 같은 상황에서 직원들의 여러 반응을 보면서 '다름'을 다시 한번 느꼈고, 상대 입장에서 생각해보는 것이 중요하다는 것을 느꼈다.

- 모든 것에 만족할 수 없다는 걸 느꼈다. 나를 힘들게 했던 상황이었지만, 관점에 따라 감사할 일도 많다는 것을 알게 됐다.

- 표현하고 생각하니 감사할 일이 정말 많다는 것을 감사합니다, 감사할 일이 이렇게 많은지 몰랐지만, 알게 해주심에 감사합니다.

❑ 5월 가족행복 활동 개요

1. 방법 : 가정의 달에 맞춘 활동

소중한 가족에게 감사편지 쓰기, 혹은 감사카드를 쓰고 가족에 직접 전달. 팀에 따라서는 30감사, 100감사 쓰기로 진행. 전사적 활동의 하나이므로 경영진도 참여

2. 감사편지에 대한 가족의 반응, 나의 소감

- 아내 : 아내의 평소 말투가 거슬리게 해서 자주 싸운다.
→ 이제는 싸우지 않고 말투에 대해서 서로 얘기하고 잘못을 서로 얘기해 주니까 싸우지 않고 평화롭다.

- 아내 : 친구처럼 가깝지만 낯간지러운 말을 하기는 어려웠다.
→ 뭘 이런 걸 다 썼냐? 라며 퉁명스럽게 말했지만, 얼굴은 웃고 있었다. 나도 기분이 좋았다.

- 아내 : 아기 돌보느라 힘들어하고 힘든 점을 홀로 삼키거나 불편을 나에게 표현했다.
→ 놀라고 주변에 보여주겠다고 함, 작은 것도 감사의 표현을 하니 서로의 관계가 돈독해졌다.

- 젊었을 때 술 많이 먹고 가정을 등한시했다. 아내와 자식

에게 잘해준 게 없는 것 같다.
→ 이제 와 생각하니 후회가 된다. 아내와 자식에 다정하게 해주었으면 덜 미안할 텐데 이제라도 죽을 때까지 아내를 사랑해야지….

• 자주 말다툼하고(반찬 투정) 집안일 도와주지 않는다고 잔소리가 많았다.
→ 말다툼이 줄어들고 집안일을 조금씩 도와줌, 하루에 3번 이상 사랑 표현한다(뽀뽀).

• 어머니 : 대화 표현이 서로 별로 없었다.
→ 내용 중 매일 아침을 챙겨주셔서 감사하다고 적었는데 이후 아침 메뉴가 다양해졌다.

• 어머니 : 잘 지냈지만 좀 게으른 나에게 잔소리가 좀 있었다.
→ 엄마가 나를 위해 생각해 주고 사랑해서 하는 말들이었고, 나도 엄마를 좀 더 도와주고 더 감사하게 되었다.

• 아버지 : 평소에는 대화를 자주 하지 않았다. 항상 어려운 분이었다.
→ 철들었다고 하였다. 대화 양이 많이 늘었다. 아직은 어려우나 예전보다 훨씬 편해졌다.

• 아버지 : 어릴 적 일하고 들어오시면 힘들어하시는 모습, 조금 엄하신 아버지다.
→ 편지를 받으시고 나서 안부 전화도 자주 오시고 몸도 마음도 건강해지신 것 같아 기쁩니다.

• 어머니 : 처음에는 되게 황당한 반응
→ 아들이 타지에서 일하는 모습이 안타깝고 미안해하셨다. 매일 전화로 사랑한다고 말한다. 항상 감사한 마음이다.

감사편지 쓰기 활동 모습

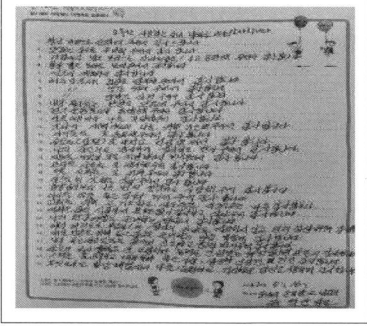
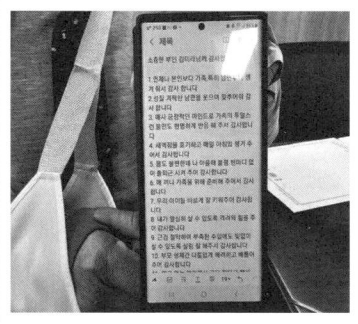

❏ 6월 반기결산 활동 개요

1. 방법

그동안의 감사활동과 나, 가정, 회사에서의 긍정적인 변화를 정리하고, 발표하고, 회사에서는 작은 보상을 통해 직원들의 감사활동을 응원하고 격려

① 나의 감사활동 방법, 감사활동 전과 후 나 자신의 긍정적 변화를 적는다.
② 가정에서 감사활동 방법, 나와 가족의 감사활동 전과 후 긍정적 변화를 적는다.
③ 회사에서 감사활동 방법, 나와 동료의 감사활동 전과 후 긍정적 변화를 적는다.
④ 내가 생각하는 감사정의를 적는다.

2. '나'의 변화 : 화, 욱, 짜증, 신경질, 불평불만, 부정적, 무기력 → 역지사지, 모든 일에 감사, 웃음, 긍정적, 활력, 차분

- 평상시에 화가 좀 많은 편, 1차선에서 차가 천천히 가면 경적을 울리고 거친 말이 나왔다.
→ 최대한 좋게 좋게 생각하려고 한다. 요즘은 앞차가 천천히 가면 화를 내지 않고 '다 사정이 있겠지.'라고 유하게 생각하고 거친 말을 자제한다.

- 화가 많고 욱하는 편, 당연하게 생각했다. 고마움을 잘 몰랐다.
→ 일상 중에 고마움을 느끼는 중, 감사거리가 이렇게 많았음에 놀라움. 전처럼 화나는 상황이 와도 '그럴 수 있겠지'라고 생각. 상대의 상황에서 생각해보려고 노력한다.

- 욱하는 성격으로 지금까지 살아왔다.
→ 감사나눔을 접한 후 배려와 격려를 행하면서 작은 것에

감사할 줄 알게 되었다.

- 스스로 특별히 행복하다고 느끼지 못했고, 욱하는 일이 많았다. 내 주위에 감사할 일이 있다는 생각 자체를 못 하고 살고 있었다.
→ 내 주위에 나를 사랑해주고 베풀어 주는 감사한 사람들이 많다는 것을 깨달았고, 화가 많이 줄었다. 꽤나 행복하다고 생각하게 되었다.

- 모든 면에 불평, 불만이 앞서 생각이 들었다.
→ 모든 일에 감사할 것이 없는지 새삼 주위를 둘러보게 되었다.

3. '가정'에서 변화 : 단조한 일상, 아내의 잔소리, 짜증, 화, 대화 부족, 부부싸움 → 집안일, 대화, 좋은 분위기, 웃음

- 평소 감사의 표현을 하지 않았고, 대화가 부족했다.
→ 감사의 표현이 많아졌고, 조금씩 대화와 식사를 하는 시간이 늘었다.

- 아버지는 무뚝뚝하고, 어머니는 늘 걱정이 많았다.
→ 평소 내가 표현을 잘 안 했구나! 느꼈으며, 전보다 자주 전화를 하게 됐다.

- 좋은 관계, 서로 존중하고 이해하려고 노력했지만, 구체적인 표현은 없었다.
→ 서로 좋은 말을 더 많이 해주기로 약속했다.

- 잘 지냈지만 좀 게으른 나에게 잔소리가 좀 있었다.
→ 엄마가 나를 위해 생각해 주고 사랑해서 하는 말들이었고, 나도 엄마를 좀 더 도와주고 더 감사하게 되었다.

- 딸, 아들 집사람과 그냥 밥 먹고 생활하는 게 고작였다.
→ 감사하는 말을 표현 하니까 서로 웃음이 많아지고 행복했다.

- 불안한 삶을 산다. 왜 나한테만 이런 일이 생길까 한다.
→ 불안보다 현재의 삶에 만족하려고 노력한다.

- 알 수 없는 세대 차이(?) 소통 부재
→ 작은 감사의 문자를 먼저 보낸 후 세상에 하나밖에 없는 나의 편이 되었다.

4. '회사'에서 변화 : 힘들고 재미없다, 대화 부족, 내 일만 열심 → 의미 있는 일, 업무능률향상, 사로 관심과 도움, 웃음

- 일과만 진행, 짜증을 잘 낸다.
→ 팀원 간 단합이 생겼다. 사무실에 공동 생활공간 생겼다. 일을 서로 공유한다.

- 업무적으로 도움을 받는 걸 당연하다고 생각했던 것 같다.
→ 서로 더 배려하고 감사함을 느끼고 말로 감사하다고 더 표현한다.

- 회사에서 나는 성격이 급하고 다혈질이었다.
→ 침착해지고 차분해졌고 감사를 하니 웃음이 나고, 웃음이 나니 팀원들 서로 웃음 짓게 되었다.

- 별 재미를 못 느끼고 바쁘게만 생활했다.
→ 서로에게 감사하는 표현을 하니까 재미가 있고 일하는 하루가 즐겁다.

- 회사 내에서의 여러 도움을 항상 당연시하였다.
→ 공동작업을 할 때 서로에게 최대한 도움이 되도록 성실히 일하여 업무능률이 향상됐다.

- 내 업무에만 집중, 서로의 업무에만 집중했다.
→ 회의를 많이 하고 서로 도와주며 격려하는 일이 많아졌다. 나만 생각했으나 같이하면 수월하고 일의 능률이 오른다.

5. 감사정의 내리기 요약 : 나에게 감사는 (   ) 이다. 왜냐하면 (   ) 때문이다.

• 야생화

들판에서 쉽게 보는 꽃이지만 자세히 보면 아름답고 다발로 만들면 멋지듯이, 감사는 주변에 있지만, 다시 보면 소중하고 모이면 모일수록 행복이 더 커지기 때문이다.

• 선물

의미 없는 하루를 의미 있게 만들어 주기 때문이다.

• 가랑비

작은 감사를 서로 나누다 보니 옷이 젖듯 감사 속에서 살게 되었기 때문이다.

• 짝사랑

좋아하지 않으면 아무 일도 일어나지 않고 좋아하면 모든 게 바뀐다. 감사도 그렇다 생각하지 않으면 감사할 게 없지만 감사하다 보면 수없이 감사할 일이기 때문이다.

• 신발

험한 길을 가도 신발이 발을 지켜주듯 감사는 삶의 길이며 나의 마음을 지켜줄 것 같기 때문이다.

• 별

밤하늘을 밝게 비춰주는 별처럼 내 마음의 어두운 면을 환하게 해주기 때문이다.

❏ 7월 자기감사(1) 활동 개요

1. 방법

어린 시절부터 지금까지 살아오면서 내가 이룬 성공 이야기 (가치 있게 한 일, 작은 성공, 평소 신념대로 해서 잘된 일, 그만두니 좋아졌던 것 등)를 적고, 그림을 그린 다음, 조원들과 서로 공유. 그것을 들은 조원은 칭찬

① 나의 첫 번째 성공 이야기를 적는다.
② 나의 두 번째 성공 이야기를 적는다.
③ 내가 생각하는 나의 강점을 적는다.
④ 다른 사람이 말해 주는 나의 강점을 적는다.
⑤ 왜 그렇게 생각하는지 적는다.

2. 나의 강점 요약

<나의 강점 요약>

활동팀	나의 강점	5대 나의 강점
1팀	책임감(2), 긍정(2), 사교성(2), 끈기, 열성, 친절, 자기 주관	1. 긍정적(16.6%) 2. 책임감(12.5%) 3. 인내심/끈기(11.4%) 4. 배려심/친절(8.3%) 5. 유머감/웃음(7.3%) * 복수 응답 처리
2팀	긍정(5), 끈기/인내(2), 꼼꼼(2), 경청, 책임감, 목표 의식, 배움, 자신감	
3팀	책임감(3), 긍정, 끈기, 친밀감, 치밀	
4팀	친절(3), 끈기/인내(2), 책임감, 유머, 해결 의지	
5팀	웃음(4), 책임감(2), 최선(2), 긍정, 인내, 열정, 인간 존중, 성실, 배려	
6팀	배려(2), 해결력(2), 끈기, 책임감, 몰입, 긍정, 솔선수범	
7팀	자신감(2), 책임감, 끈기/인내, 긍정, 겸손, 몰입, 배려, 도전, 꼼꼼, 집중, 진심, 성실, 계획적	
8팀	긍정(2), 책임감, 열정, 솔선수범, 근면	
9팀	긍정(3), 소통/공감/경청(3), 원칙/규칙(3), 끈기(2), 유머/유쾌(2), 열정	

❏ 8월 자기감사(2) 활동 개요

1. 방법

나 자신에 대한 감사(가치 있게 한 일, 작은 성공, 평소 신념대로 해서 잘된 일, 좋은 성격, 좋은 습관, 능력, 강점, 그만두니 좋아졌던 것 등)을 적고, 조원들과 서로 공유

① 나에 대한 감사 10개씩 적는다.
② 나의 감사 후 소감을 적는다.

- 무슨 일이 있어도 항상 긍정적으로 생각하려고 하는 나에게 감사합니다.
- 책임감을 가지고 열심히 일하고 있습니다. 그런 나에게 감사합니다.
- 역지사지로 상대방의 입장에서 생각하게 되었습니다. 그런 나에게 감사합니다.
- 평상시 화가 좀 많았는데 '다 사정이 있겠지…'라고 생각하면서 거친 말을 자제하는 나에게 감사합니다.
- 서로에게 감사표현을 하면서 재미도 느끼고, 일하는 하루를 즐기고 있는 나에게 감사합니다.
- 다른 사람에게 친절하게 대하려고 항상 노력하고 있는 나에게 감사합니다.

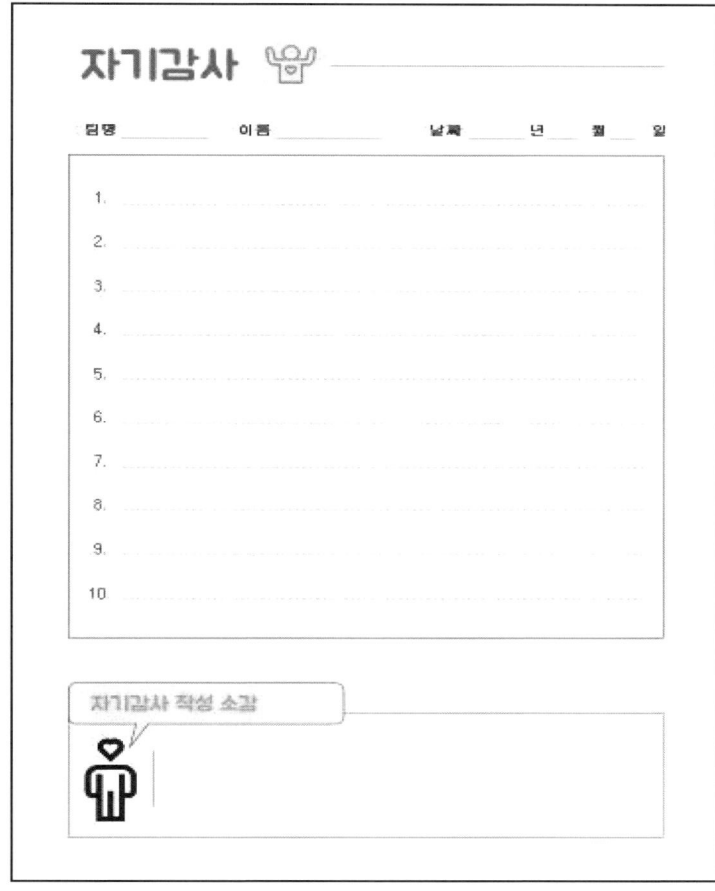

2. 자기감사 후 소감

- 자기감사를 통해서 이렇게 직접 쓰고 보니 항상 부족해 보였던 생각이 많이 없어져 자존감이 올라가는 것 같다.

- '나에게 감사합니다'를 되풀이하다 보니 나 스스로에게 감사할 부분보다 주변인들이 나에게 긍정적으로 대해주는 것에 대한 감사함이 더 크다는 사실을 알게 되었다.

- 자존감이 낮다고 생각했는데 '나도 그래 괜찮은 사람이구나'를 느꼈다. 행동할 때 말할 때 조금 더 생각하는 자신이 되어야겠다.

- 처음 한 줄 쓰기가 어려웠는데 한 줄 쓰다 보니 두 줄, 세 줄 쭉쭉 써졌다. 나도 모르게 감사할 줄 아는 마음이 생겼나 보다. 신기한 경험이다. 앞으로도 감사한 마음을 자주 가져보도록 해야겠다.

- 자기감사를 작성해보니 내가 의미 있게 살고 있음을 느꼈고, 더 잘 살 수 있겠다는 마음의 위로를 얻었다. 오늘뿐만이 아니라 매일 나에게 1가지를 감사해야겠다.

- 잘하는 것은 없지만 그래도 지금 위치에서 잘 버텨주고 잘해주는 나 자신에게 감사함을 느낀다.

❏ 9월 목적감사(1) 활동 개요

1. 방법

나, 가정, 회사에서의 희망, 실천목표, 행동 방법, 기간(일정)을 적고, 발표한다. 이 활동은 상황에 따라 일반적으로 많이 활용하는 버킷리스트로 대체할 수도 있다.

① 나의 희망, 실천목표, 행동 방법, 기간(일정)을 적는다.
② 가정의 희망, 실천목표, 행동 방법, 기간(일정)을 적는다.
③ 회사의 희망, 실천목표, 행동 방법, 기간(일정)을 적는다.

2. 목적감사 활동 후 내용 요약

<나, 가정, 회사에서의 희망 요약>

팀명	나의 희망	가정의 희망	회사의 희망

1팀	• 몸 건강
	  - 체중(감량, 유지, 증량)
	  - 식습관(절주, 야식, 과식)
	  - 운동(걷기, 달리기)
	
	• 마음 건강
	  - 감사일기
	  - 잠자기 전 명상, 책 읽기
	
	• 자기 계발, 자격증
	
	• 새로운 취미(즐거운 인생)
	  - 수영
	
	• 과소비 줄이기
	  - 커피, 담배, 음주
	
	• 행복한 하루 보내기
	  - 핸드폰 줄이고, 나 집중
		• 가족과 대화, 소통
		  - 모두 함께 외식
		  - 자주 전화, 연락(부모님)
		
		• 화목한 가정
		  - 가족 여행(추억 남기기)
		  - 칭찬하기, 아침저녁 인사
		  - 집안일 같이하기
		
		• 가족에 관심
		  - 함께 취미활동
		
		• 경청하는 가정
		  - 감사일기
		  - 중간에 끼지 말기
		
		• 가족 건강
		  - 건강검진, 감사인사, 운동
			• 보람찬 즐거운 회사생활
			  - 감사나눔, 왕소통, 긍정
			  - 유머, 인정, 도움
			  - 전화하면서 응원, 신뢰
			  - 웃으며 인사, 존댓말
			
			• 목표 달성
			  - 해결 방법 찾고, 공유
			  - 솔선수범, 현장점검
			  - 업무 간소화
			
			• 업무 실수 줄이기
			  - 메모하기, 꼼꼼한 업무
			
			• 워라벨
			  - 미루지 않는 업무 습관
			  - 중요도, 긴급도, 업무역량

2팀			
3팀			
4팀			
5팀			
6팀			
7팀			
8팀			
9팀			

❑ 10월 목적감사(2) 활동 개요

1. 방법
나, 가정, 회사에서의 희망, 실천목표, 행동 방법, 기간(일정)을 적고, 발표한다. 이 활동은 상황에 따라 일반적으로 많이 활용하는 버킷리스트로 대체할 수도 있다.

① 나, 가정, 회사에 대한 미리 감사를 적는다.
② 나에게 힘이 되는 한 마디를 적는다.
③ 목적감사 후 소감을 적는다.

- 나에 대한 미리감사

다이어트가 잘 이루어질 것에 감사합니다.
자격증을 딸 확신이 생겨 감사합니다.

- 가정에 대한 미리감사

가족들과 감사를 나누며 즐거운 시간을 가질 것에 감사합니다.
가족들과의 해외여행이 꼭 이루어지기를 미리 감사합니다.

- 회사에 대한 미리감사

즐거운 일터, 긍정적 분위기가 이루어지고 있어 감사합니다.
목표 달성을 이룰 자신이 있어 감사합니다.

2. 나에게 힘이 되는 한마디 요약

- 역시 잘했어요. 다 잘 될 거야. 잘한다. 너무 잘하고 있어. 파이팅. 넌 잘하고 있어. 수고 많았어. 잘할 수 있을 거야.

- 오늘도 수고했어. 오늘도 내일도 파이팅. 힘내자.

- 노력한 만큼에 결과는 꼭 이루어진다. 참 열심히 산다. 네 덕분에 도움이 됐어. 앞으로 더 열심히 살자.

- 오늘 하루도 고생했어. 내일도 힘냈으면 좋겠다. 힘들었을 텐데 고생 많이 했고, 잘했다. 너무 수고한 거 알아.

- 나는 할 수 있다. 할 수 있어. 감사합니다. 하다 보면 된다. 자신은 갖고 자만은 버리자. 너라서 할 수 있어.

- 웃으면 행복해진다. 재미있게 살아보자. 네가 있으면 기분이 좋아져. 좋았어~. 영차.

- 너를 본받고 싶다. 넌 최고야 좋았어~. 네 덕분에 도움이 됐어. 앞으로 더 열심히 살자. 너라서 할 수 있어.

- 고마워. 너무 수고한 거 일아. 항상 고마워. 힘든 와중에도 열심히 일해줘서 고맙다. 00 덕에 해결했어. 고마워.

❏ 11월 자기진단 활동 개요

1. 방법

자기진단표 작성. 나, 가정, 회사에서 어떤 변화가 있었는지 스스로 생각하고, 감사와 긍정지표, 행복도에 대해 계량적으로 확인한다. 향후 집계를 내어 다음 해 전략 수립에 참고

① 나, 가정, 회사의 긍정적 변화를 요약하여 적는다.
② 감사, 긍정지표에 대해 10점 만점으로 자기 평가를 한다.
③ 자기 행복도를 스스로 평가하여 적는다(Fordyce 행복도 참고).

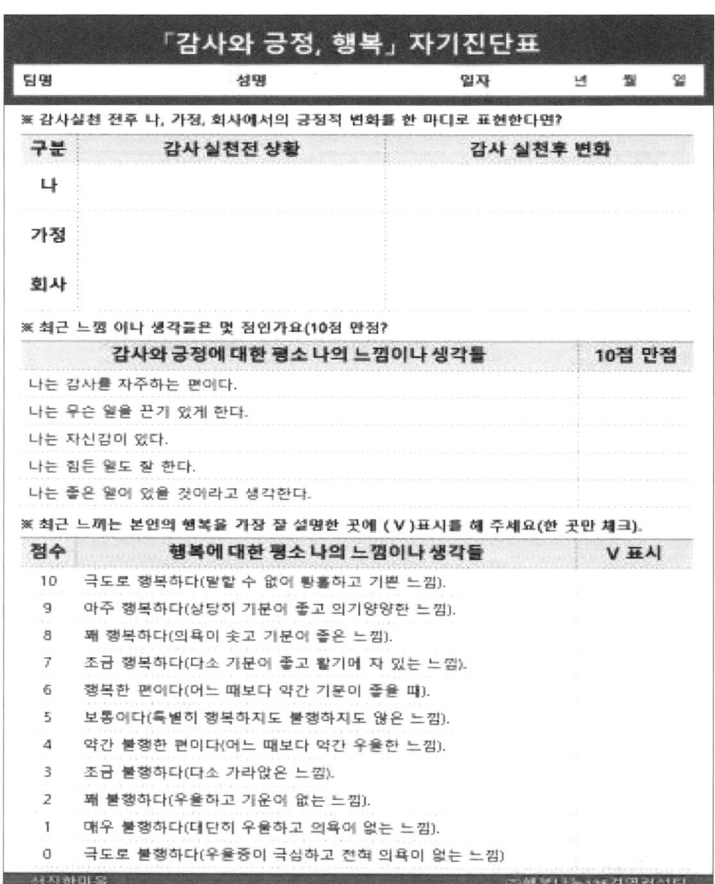

❏ 12월 연말 결산

1. 연말 시상

시상 분야와 대상, 기준을 사전 공유하고, 전 직원이 참여할 수 있도록 유도

감사시연 심사내용
• 범위 : 감사활동 범위가 어느 정도인가? 　　　　나, 가족, 회사, 고객 등
• 변화 : 구체적인 변화는 어떤 것들인가? 　　　　생각, 말, 행동
• 감동 : 그 내용은 얼마나 감동적인가?
• 표현 : 잘 소통할 수 있도록 표현되었나? 　　　　내용 구성, 단어선택

<연말 시상 개요>

시상분야	시상대상	시상자 선정	시상자
감사일기	감사일기 쓰기 모범 직원	• 11월 말까지 교육 중 확인 - 30일 이상, - 100일 이상, - 200일 이상	감사일기 일수 따라 상품 차별화
감사사연	감사실천 통해 나, 가정, 일터에서 긍정 변화를 경험한 불씨 직원	• 11월 말 : 서면응모(본부) • 12월 초 : 임원, 자문위원 심사 • 12월 초 : 시상	대상, 금상, 은상, 동상
감사활동	감사활동을 적극 실천하여 자기진단점수가 우수한 팀	• 자기진단 점수 집계 기준	3팀

2. 자기진단 분석 결과

11월 중 자기진단 결과를 집계하여 공유하고, 향후 활동 전략 수립에 참고

구분	사전	사후	변화
감사지표(G)	63	70	+7
긍정지표(P)	73	79	+6
행복지표(H)	66	70	+4
계(GPH)	67	73	+6

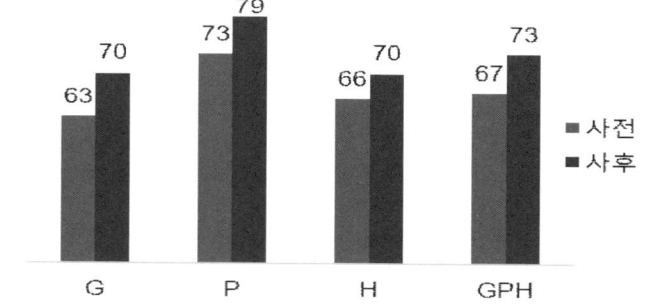

지표구성		참고자료
감사지표(G)	감사(Gratitude)	McCullough, Emmons, Tsang의 감사성향척도 참고 10점 척도, 1문항으로 재구성
긍정지표(P)	희망(Hope)	Fred Luthans의 심리자본 (Psychological Capital)의 하부요소 참고, 10점 척도, 총 4문항으로 재구성
	유능감(Efficacy)	
	회복탄력성(Resilience)	
	낙관성(Optimism)	
행복지표(H)	행복(Happiness)	Fordyce 행복도 검사 참고

3. 감사사연 대상 : 〈지OO, 우리 가족을 행복으로 이끌어준 감사일기〉

회사 지역발령으로 장거리 연애를 10년 정도하고 결혼 후에도 주말 부부를 하였습니다. 둘만 있을 때는 크게 문제가 없었으나 아이가 생기고 난 후 조금씩 서로에게 불만이 쌓이기 시작했습니다.

평일에 일하고 주말에 집에 와서는 좀 쉬고 싶어 하는 저와 평일 내내 아기를 보느라 힘들어 마찬가지로 주말에 쉬고 싶어 하며 평일에 아기를 많이 못 보니 주말에라도 많이 놀아주라는 아내와의 의견 차이로 갈등이 생기기 시작했습니다.

의견 차이를 좁히기 위해 서로 주말에 해야 할 일을 정하고 (청소, 식사, 빨래, 아기 보기 등) 주말을 보냈으나 하기 싫은 숙제처럼 느껴지고 서로 본인이 더 하는 게 많다고 생각을 하고 있으니 계속해서 불만이 쌓이기 시작했습니다.

주말에 한 번밖에 못 만나는데 너무 냉랭해지는 게 싫었던 찰나 감사일기를 접하게 되었고 처음에는 저 혼자 감사일기를 쓰기 시작했습니다. 처음 쓸 때는 의식적으로 아내에게 감사할 게 뭐가 있을까 생각하며 감사일기를 쓰게 되었습니다.

머리로 가끔 생각은 했지만 실제로 글로 써보니 아내가 생각보다 더 많이 고생한다는 것을 느낄 수 있었고 너무 감사한 게 많다고 느껴지기 시작했습니다.

특히나 주말에 잠깐 해도 힘든 육아를 매일 하고 있다는 것에 대해 "나도 일하니까"라는 생각으로 자기 합리화했었는데 아내는 퇴근이 없다는 것을 깨달았고 감사한 마음과 미안한 마음이 밀려왔습니다.

감사일기를 쓰기 3주 정도 지난 후부터는 기존에 분담했던 집안일에 대해 신경 쓰지 않고 주말에 고생하는 아내를 위해 내가 더 해야겠다는 마음으로 집안일을 도맡아 했습니다.

처음에는 하기 싫고 숙제처럼 생각되던 집안일이 아내에게 감사하는 마음으로 하니 힘들지도 않고 오히려 기뻐하는 아내를 보니 힘이 났습니다.

또한 아내 역시 제가 이렇게 스스로 집안일을 챙겨서 하니 저에게 더 잘해주려는 모습이 보여서 처음에는 서로 "내가 더 손해 본다"라는 생각으로 불만을 가졌던 것들이 이제는 "뭘 더 해줄 수 있을까"로 바뀌게 되었습니다.

주말에 힘들어서 누워있던 시간에서 서로 함께하며 웃을 날이 많아지고 가족관계가 더욱 좋아졌으며 저는 아내에게도 감사일기를 함께 쓰자고 제안을 했습니다.

아내도 제가 변하는 걸 보고 느낀 게 있어서 흔쾌히 수락했고 처음에는 서로 카톡으로 감사일기를 쓰기 시작했습니다. 시간도 많이 안 걸리고 서로 감사함을 공유하며 감사한 일이 두 배 더 많아지는 마음의 풍요로움을 느끼게 되었습니다.

아내는 카톡으로만 하게 되니 너무 서로에게만 국한되어 생각하게 되는 것 같아 추가로 감사일기를 조금 더 업그레이드하자는 제안을 하게 되었고 최종적으로 감사일기, 성취일기, 개선일기를 쓰자는 제안을 했습니다.

카톡으로 하는 것보다는 시간이 조금 더 걸렸으나 그래도 5분 내외로 할 수 있는 일이었고 아내와 함께 할 수 있어서 매우 의미 있고 개선, 성취일기까지 추가하게 되어 더욱 만족도가 높아졌습니다.

지금은 매일 아침 서로에게 감사일기를 써서 보내는 것으로 아침 인사를 대신하고 있고 주말부부지만 평일에도 감사일기를 공유하며 서로에게 고마운 점을 표현하게 되어 더욱 사이가 좋아졌습니다.

스스로의 변화부터 가족 전체에 긍정적인 영향을 주는 감사일기를 지속해서 작성할 예정입니다.

감사사연 대상 모습 I

1. 동기들이랑 점심 감사
2. 무사고 감사
3. 깨돌이 말많이 늘어서 기여워서 감사
2023년 9월 25일

해인이계속아파서안감사
2023년 9월 25일

1. 공짜로 회사에서 교육시켜줘서 감사
2. 월급날에 꼬박꼬박 돈 줘서 감사
3. 업무를 잘 마무리해서 감사
2023년 9월 25일

1. 울깨돌이 엄마 없어두 등원잘하고 잘 자라줘서 감사
2. 울남편 언제나 내 옆에 있어주고 그냥 존재자체로 감사
3. 화나는 과정이 있었지만 결론적으로 30분 일찍 퇴근해서 감사
2023년 9월 20일

감사하넹
2023년 9월 19일

1. 골프 더럽게 못치고 선물 2개나 받아서 감사
2. 어제 더럽게 안맞아서 자포자기했는데 오늘 나름 선방해서 감사
3. 업계 선배님들과 잘 어울려서 새로운 인맥을 쌓을수 있음에 감사
2023년 9월 14일

1. 오빠랑 나 무사귀환에 감사
2. 깨돌이 하루하루 무럭무럭 자람에 감사
3. 불면증 없음에 감사
2023년 9월 18일

1. 오늘도 무사히 하루 일과를 마쳐서 감사
2. 아침에 사랑하는 아내와 깨도리를 보고 출근해서 감사
3. 아직 오늘이 2시간30이나 남아감사
2023년 9월 18일

오늘의 감사
1. 깨도리 아픈데 염○가 검색중이어서 감사
2. 업무 복잡한 일들이 어느정도 정리되고 있어서
2023년 9월 12일

감사사연 대상 모습 II

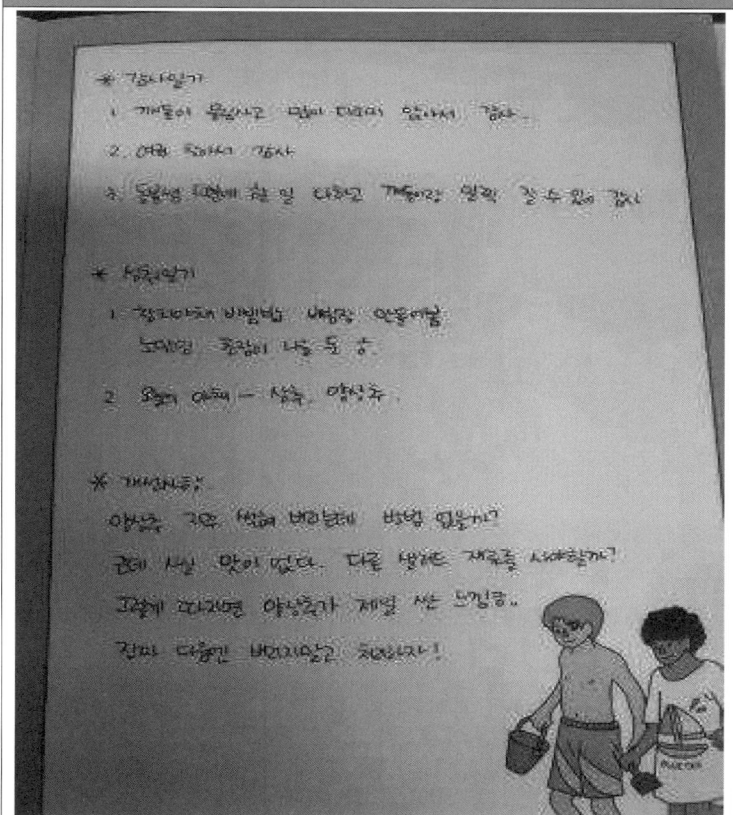

THANKS H.E.R.O.

제5장

기업

감사문화 만들기 방법

(전사적 접근)

THANKS H.E.R.O.

5.1. 성공 로드맵

❏ 미들(팀장)을 중심으로 한 활동 전개

회사의 큰 조직 단위가 실천하려면 중간계층(주로 팀장)이 역할을 제대로 수행할 수 있도록 하고, 단계적인 접근이 필요합니다. 다음에 소개하는 내용들은 삼성중공업, 동원산업 등에서의 사례를 종합한 것입니다.

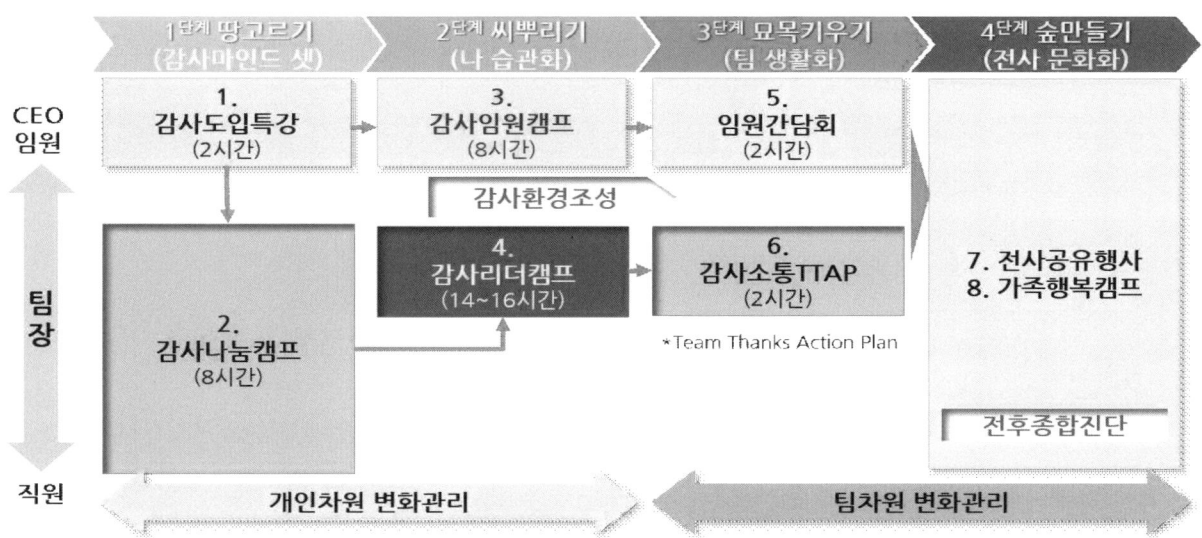

5.2. 변화관리 활동

❑ 1. 감사도입특강

- 목적 : H.E.R.O. 감사문화프로그램 도입 선포, 필요성 공감
- 대상 : CEO, 임원, 간부 50여 명
- 시간 : 2시간
- 내용 : HERO감사문화프로그램 비전과 솔선 의지 선포, 핵심추진체계 이해, 체험

주제		핵심내용	기대효과
특강	불씨점화	• HERO감사문화프로그램의 시대적 요구 • 추진체계	• 전사적 실천 의지 결집 • 감사나눔 마인드 셋
체험	감사체험	• 감사편지, 감사명상, 감사문자 등 • 3가지 핵심성공요인	
선포	실천선포	• 프로젝트의 비전, 솔선 실천 선포	

❏ 2. 감사나눔캠프

- 목적 : 감사습관화 시작
- 대상 : 전 직원, 1회당 50여 명
- 시간 : 8시간
- 내용 : 감사나눔 실전 체험과 습관화 역량 강화

주제		핵심내용	기대효과
도입	감사나눔	• H.E.R.O. 감사문화프로그램의 시대적 요구 • 감사나눔의 4가지 효과	• 감사습관화 동기부여 (쓰고, 말하고 나누기)
체험	당연감사	• 감사일기 쓰기 • 30감사편지 쓰기	
	상황감사	• 그럼에도 불구하고 감사찾기(조별 공통) • 그럼에도 불구하고 감사찾기(조별 개인)	
	감사명상	• 일상 생활명상(호흡, 걷기, 먹기, 수면명상) • 감정조절 명상(분노, 우울, 불안, 스트레스)	
실천	감사루틴	• 나, 가정, 일터에서의 감사루틴 • 자기진단	

❏ 3. 감사임원캠프

- 목적 : 감사리더십강화
- 대상 : CEO, 임원, 간부, 1회당 36명
- 시간 : 8시간
- 내용 : 감사나눔 상급 리더로서 필요역량 강화(솔선수범, 전사적 실천역량)

주제		핵심내용	기대효과
도입	감사나눔	• 감사와 행복경영 • 성공요인	• 솔선수범 • 감사리더십 강화
체험	당연감사	• 감사일기 쓰기 • 100감사편지 쓰기	
체험	상황감사	• 그럼에도 불구하고 감사찾기(조별 공통) • 그럼에도 불구하고 감사찾기(조별 개인)	
체험	감사명상	• 일상 생활명상(호흡, 걷기, 먹기, 수면명상) • 감정조절 명상(분노, 우울, 불안, 스트레스)	
실천	감사루틴	• 현장에서 실천요령 8가지 • 나의 감사루틴	

❑ 4. 감사리더캠프

- 목적 : 감사나눔 사내 컨설턴트 양성
- 대상 : 팀장, 팀 리더, 1회당 36명
- 시간 : 14시간
- 내용 : 감사나눔 현장 리더의 필요역량 강화(솔선수범, 팀 생활화 역량)

주제		핵심내용	기대효과
도입	감사나눔	• 감사와 행복경영 • H.E.R.O. 감사문화프로그램 체계	• 사내 감사활동 솔선, 촉진, 지도를 위한 컨설팅 역량 강화
체험	H.E.R.O.감사	• HOPE : 목적감사(꿈을 이루는 감사) • EFFICACY : 자기감사(강점을 아는 감사) • RESILIENCE : 상황감사(기회를 찾는 감사) • OPTIMISM : 당연감사(긍정심 유지 감사)	
	감사소통	• 공감과 경청 • 세종식 독서토론	
	감사명상	• 일상 생활명상, 감정조절 명상 심화 • 명상과 100감사편지	
실천	감사생활	• 감사습관화 방법 • 불씨 발굴과 육성	
	감사루틴	• 팀 감사행동계획(Team Thanks Action Plan)	

❑ 5. 임원간담회

- 목적 : 조직 단위 감사활동 가속화
- 대상 : CEO, 임원, 간부, 1회당 20명
- 시간 : 분기당, 2시간
- 내용 : 조직 단위 불씨 사례 공유, 감사문답, 조직 단위 실천역량 강화

주제		핵심내용	기대효과
공감	감사불씨	• 조직 단위 감사 실천 사례 • 조직 내 불씨 사례	• 조직 단위 감사활동 공유, 활동전략조정
코칭	감사문답	• 감사활동 가속화 방법 • 촉진 요인 활성, 장애요인 제거	

❏ 6. 감사소통TTAP(Team Thanks Action Plan)

- 목적 : 팀 감사생활화 촉진
- 대상 : 팀장과 팀원, 1회당 20명
- 시간 : 반기당, 2시간
- 내용 : 불씨 사례 공유, 감사문답

주제		핵심내용	기대효과
공감	감사불씨	• 팀 감사 실천 사례 • 팀 불씨 사례 발굴, 공유	• 팀 감사활동 점검, 보완
코칭	감사문답	• 팀 감사활동 가속화 방법 • 팀 감사활동 촉진 요인 활성, 장애요인 제거	

❑ 7. 전사 공유행사

- 목적 : 전사 감사문화화 가속
- 대상 : 전임직원, 고객사, 협력사, 가족 등 이해당사자
- 시간 : 연간 1~2회, 2시간
- 내용 : 특강, 공모전, 불씨 포상, 사례발표, 향후 비전

주제		핵심내용	기대효과
특강	명사초청	• 감사활동 비전 • 감사활동의 격려, 응원 메시지	• 전사 차원의 긍정적 변화 공감, 도약 의지 결집
공감	감사불씨	• 사내 감사불씨에 대한 시상, 내용 발표 • 응모자에 대한 시상(응모전을 했을 때), 내용 발표 • 공로자에 대한 시상	
도약	도약선언	• 일상의 경영에 접목 선언 • 2단계 도약 활동 선언	

❏ 8. 가족행복캠프

- 목적 : 가족과 지역사회로 감사활동 확산
- 대상 : 임직원 가족, 지역사회 주민
- 시간 : 1회 2시간
- 내용 : 가정의 행복 만들기 역량 강화

주제		핵심내용	기대효과
특강	불씨공유	• 나와 가정에서 감사활동 필요성 • 감사의 효과	• 가족 간 소통, 지역사회 소통 촉진
체험	감사체험	• 감사편지, 감사카드, 감사문자 등 • 감정 조절 감사명상	
선포	감사루틴	• 우리집 감사루틴	

THANKS H.E.R.O.

제6장

군대

감사생활 실행 예시

THANKS H.E.R.O.

6.1. 군부대 감사교육의 필요성

❏ **군 조직을 더욱 강하고, 건강하게 운영할 수 있는 필수 요소**

감사가 주는 효과는 다양하며, 궁극적으로 전투력을 극대화합니다. 필요성을 요약하면 다음과 같습니다.

1. 군 조직 내 소통과 신뢰 강화

상하 계급 간, 동료 간 소통을 원활하게 하고 신뢰를 형성하여 조직력을 강화하며, 감사 표현을 통해 군대 내 갈등을 줄이고 협력적인 분위기를 조성합니다.

2. 정신적 안정과 사기 진작

군 생활의 스트레스와 긴장을 완화하고, 심리적 안정감을 높여 전투력 유지에 기여합니다. 나아가 감사의 문화가 자리 잡으면 긍정적인 사고방식이 확산되어 병사들의 사기가 높아집니다.

3. 군 인성교육 및 윤리의식 함양

감사를 실천하면서 배려와 존중의 가치를 배우고, 군대 내 폭력 예방에도 기여할 뿐 아니라, 올바른 인성과 책임감을 가진 군인으로 성장하는 데 도움을 줍니다.

4. 조직문화 개선 및 부대 단결력 강화

감사 표현을 통해 상관과 부하 간 긍정적인 관계 형성, 부대 내 협력이 강화되고, 부대원 간 존중하는 문화가 자리 잡아 군 생활 만족도가 향상됩니다.

5. 전투력 극대화 및 국가안보 기여

정신적으로 건강하고 단결력이 생겨 위기 상황에서 더욱 강한 전투력을 발휘합니다. 궁극적으로 긍정적인 부대 문화를 형성하여 국가를 지키는 임무 수행에 더욱 집중할 수 있습니다.

6.2. 군부대 감사교육 상황

❏ **긍정 인성교육, 행복한 병영 만들기 경과**

군대는 특히 육군의 경우 지휘관의 솔선 참여와 지대한 관심으로 착실하게 확산 중에 있습니다. 감사교육이 장병들의 긍정 인성과 행복 만들기, 부대 내 좋은 분위기 조성이라는 차원을 넘어 강한 군대를 만드는데 필수요건이라는 생각도 확고해지고 있습니다.

- 2011년 9월 수방사 전차부대 시범 시행
- 2012년 2월 각 군 2개 대대 시범 성공(8개 대대)
- 2012년 6월 육해공군 해병대, 전군으로 확산
- 2013년 7월 조정환 육군참모총장 명으로 육군 전 부대에서 감사나눔 본격 추진 시작
- 2013년~2018년 육군 감사나눔 전문교관 양성과정(육본 정기과정, 부대 자체 양성과정 700여 명 이수)
- 2014년~2016년 육군대학, 지휘관 교육(대령반, 중령반 1,200여 명 이수)
- 2017년~2024년 찾아가는 감사교육(육본 초청 강의, 부대 자체 초청 강의 400여 부대)

6.3. 군부대 감사교육 성과

❏ **정성적, 정량적 성과**

이미 감사활동에 대한 자체 평가가 있었고, '국방일보'에 보도되었으니 참고 바랍니다. 도서 중에는 사단법인 행복나눔125, 『감사로 행복해진 병영 이야기』도 많은 도움이 됩니다. 아래는 코로나로 중단되었던 '육군의 찾아가는 감사교육'을 2022년 재개하면서 담당 간부와 나누었던 내용을 정리한 것입니다.

<육군의 감사활동 방법과 긍정적 변화>

	감사활동 방법	긍정적 변화
간부	• 매일 아침 점호 시 5감사 릴레이 • 회의 전(또는 회의 후) 감사나눔 • 당직일지에 5감사 쓰기, 감사편지 쓰기	• 분위기가 밝아졌다. • 소통이 원활해졌다. • 선후임 간 관계가 회복되었다. • 좋은 기분으로 업무를 시작한다. • 닫혔던 마음이 열리고 배려심이 생겼다. • 인내심이 늘었다. • 좋은 말씨가 늘었다. → 병영 활동에 필요한 인성 수양, 긍정조직행동, 정신건강(Mental Health)에 도움이 됨
용사	• 홈페이지 감사나눔 방에 감사 올리기 • 감사보드판, 감사밴드 운용 • 아침 또는 저녁 점호 시 5감사 릴레이 • 1,000감사(또는 3,000감사) 일기 쓰기 → 포상	

6.4. 군부대 감사교육 내용

❏ 군부대 감사교육의 핵심내용

군부대에서의 감사교육은 2시간을 기준하여 구성하며, 참여자가 간부 중심인지 용사 중심인지에 따라 보완하여 활용합니다.

<군부대 감사나눔 교육내용>

주제		핵심내용	기대효과
경과	감사나눔의 필요성	• 감사나눔의 시대적 요구 • 감나나눔의 4가지 효과와 사례 • 육군 감사나눔활동 경과	병영의 감사생활화 촉진
방법	감사나눔의 생활화	• '감사명상'을 포함한 감사생활화 8가지 방법과 사례, 체험(쓰고, 말하고, 나누기)	
실천	감사나눔 성공요인	• 3가지 핵심성공요인 (솔선수범, 불씨발굴, 자율실천) • 리더의 자세	

6.5. 군부대 감사생활화 실천 예시

❏ **군부대 활동에 감사나눔의 적용(예시)**

부대활동에 적절히 감사활동을 병행하면 감사의 긍정효과가 배가 됩니다. 다음 내용을 부대상황을 참작해 적용할 것을 권유합니다.

<감사생활화 실천 예시>

시점		감사생활화 실천 예시
항시		감사공간 만들기(현수막, 배너, 인테리어 등 감사환경)
연		감사페스티벌(특강, 감사사연응모, 감사경연, 포상)
월		'감사day'(감사편지, 감사카드, 감사보드판, 생일자 집중감사)
일정 기간		1,000감사일기 쓰기
일	아침 점호	감사릴레이(지명발표, 자원발표)
	저녁 점호	감사문자, 감사일기, 감사명상, 감사점호
	일과(회의, 훈련) 시작	감사인사, 테마감사
	일과(회의, 훈련) 종료	감사인사, 칭찬, 격려, 응원
	자유시간	감사보드판, 감사트리(나무), 감사인트라넷 등

6.6. 군부대 '감사Day' 운용

❏ 군부대 월 정기 '감사Day' 운용

부대 상황을 참작하여 매월 정기적인 '감사day'운용을 권유합니다. 이 활동을 하면서 적절한 작은 포상도 활용해 보세요.

<군부대 '감사Day' 예시>

프로세스	활동(예시)	참고
일시지정	• 매월 첫 금요일 13:00~17:00	-
진행내용	• 감사편지 : 30감사, 50감사, 100감사 • 감사카드 : 영내의 상사, 부하, 동료 대상으로 5감사카드 • 감사점호 : 특별히 이날은 아침, 저녁에 감사점호 • 감사보드판(감사트리)	감사편지는 희망자, 나머지 활동은 간부를 포함한 전 부대원이 다 함께 진행

활동촉진	• 감사편지
	  다 쓰고 난 후의 소감 발표, 내용에 따라 직접 전달하도록 배려
	  (예 : 금, 토, 일 특별휴가)
	• 감사점호
	  감사활동에 대한 질문(느낌, 새로운 깨달음)
		느낌, 긍정적 변화, 깨달음

THANKS H.E.R.O.

제7장

학교

감사교육 내용 구성

THANKS H.E.R.O.

7.1. 학교 감사교육의 필요성

❑ **학생, 학부모, 교사가 모두 행복한 학교 만들기**

학교 감사교육은 2010년 포항지곡초등학교, 광양제철남초등학교에서 시작하여 중학교, 고등학교, 대학교에 이르기까지 광범위하게 확산되고 있으며, 학교에서 감사교육이 필요한 이유는 다음과 같이 요약됩니다.

1. 학생들의 정서적 안정과 행복감 증진

감사하는 마음을 가지면 긍정적인 정서를 키우고 스트레스가 줄며, 더 높은 행복감과 심리적 안정감을 느낍니다.

2. 인성교육과 배려심 함양

감사는 타인을 존중하고 배려하는 태도를 기르는 데 도움이 되고, 자연스럽게 협력과 나눔의 문화를 형성하게 됩니다.

3. 긍정적인 학교 문화 조성

감사하는 분위기가 확산하면 학내 갈등이 줄고, 서로를 존중하며, 교사, 학생, 학부모 간의 관계도 더욱 원활해집니다.

4. 자기효능감 및 학습 태도 향상

감사를 실천하는 학생들은 자기 자신과 주변 환경을 긍정적으로 바라보며, 이는 자신감과 자기효능감을 높여 학습 태도와 성취도 향상으로 이어질 수 있습니다.

5. 사회적 문제 예방(왕따, 학교 폭력 등)

감사교육을 통해 서로의 가치를 인정하고 칭찬하는 문화를 만들면 학교 폭력이나 따돌림을 예방할 수 있습니다.

6. 미래 사회를 위한 핵심 역량 강화

현대 사회의 중요한 역량 중 하나는 협력과 공감 능력입니다. 감사교육으로 학생들은 보다 성숙한 시민으로 성장할 수 있습니다.

7.2. 학교 감사교육 체계

❏ 행복한 학교 만들기 교육체계
이 사례는 수원하이텍고등학교, 포천일고등학교, 세경고등학교의 사례를 참고로 정리한 것이며, 학교의 상황을 참작하여 정리할 필요가 있습니다.

1. 목적
학생, 교사, 부모가 행복한 학교 만들기

2. 목표
긍정 태도, 자기관리, 관계 개선

3. 성장
H.E.R.O 긍정심리 활성화

* Hope(희망), Efficacy(유능감), Resilience(회복탄력성), Optimism(긍정성)

4. 실행프로그램
『H.E.R.O. 감사인성프로그램』
감사(감사일기, 감사편지, 감사문자), 관계(대면 소통, 비대면 소통), 명상(불안, 분노, 우울, 스트레스 완화, 자리이타)

7.3. 학교 감사교육 내용 구성

❏ **표준적인 내용 구성**

학생, 부모, 교사가 모두 참여하여 함께 하는 내용으로 구성할 필요가 있습니다. 감사로 마음을 열고(1학년), 소통하여 좋은 관계를 형성하고(2학년), 스스로 내면을 성찰하는(3학년) 내용으로 구성하였습니다.

<학교 감사교육 내용 구성>

대상		시간	내용
학생	전교생 (1학급당)	8시간 (2시간 x 4회)	• 1학년 : 감사(당연감사, 상황감사, 자기감사, 목적감사) • 2학년 : 관계(공감, 대면 소통, 비대면 소통) • 3학년 : 명상(불안, 분노, 우울, 스트레스)
	희망학생	6시간 (3시간 x 2회)	• 소중한 사람에게 쓰는 100감사
	학생간부 동아리	3시간 (3시간 x 1회)	• 감사리더십 • 지역사회 감사나눔
부모		4시간 (2시간 x 2회)	• 당연감사, 자기감사(감사편지, 감사카드) • 감정관리, 소통기술(공감, 존중과 배려)
교사		8시간 (2시간 x 4회)	• 감사, 관계, 명상교육 지도(이론, 사례, 실천)

7.4. 학교 감사활동 예시

❑ 고등학교(수원하이텍고등학교 사례)

#감사나무

#조별 상황감사

#감사편지

#감사카드

#자기감사, 목적감사

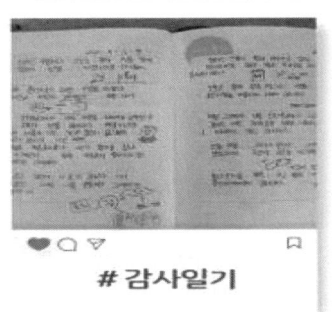
#감사일기

#100감사쓰기

#감사전시회

❑ 중학교(파주중학교 사례)

#감사나무

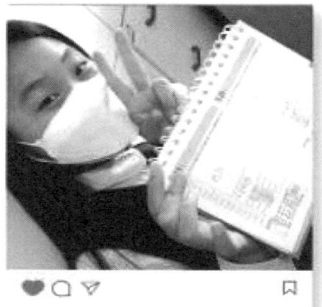
#감사노트

#친구감사편지

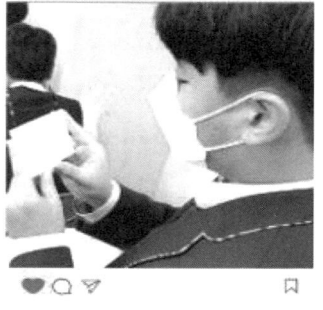
#감사카드

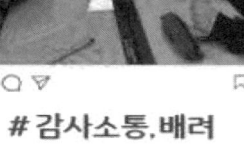
#감사소통,배려

#상황감사

#50감사쓰기

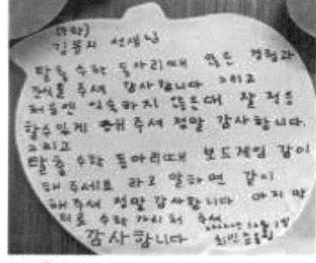
#선생님 감사합니다

❑ 초등학교(삼미초등학교 사례)

#감사나무

#감사쓰기

#상황감사

#감사실험

❑ 학부모(파주중학교 사례)

• 학부모 감사 교육

• 감사편지쓰기 체험

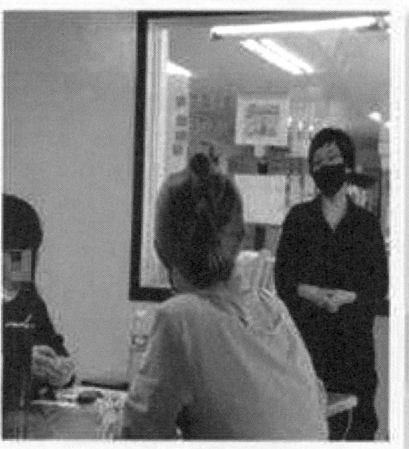
• 상황감사 나눔활동

❑ 교사(포천일고등학교, 세경고등학교 사례)

• 감사나눔교사연수

• 감사편지쓰기 체험

• 감사카드 쓰고 전달

THANKS H.E.R.O.

제8장

감사독서경영

프로세스

THANKS H.E.R.O.

8.1. 감사독서경영이란

❑ 「독서경영 + 감사문화 → 최선의 경쟁력」을 갖춘 학습 조직

독서감사경영이란 '기업이 지속적으로 학습하고 성장하는 동시에, 감사를 통해 조직원 간의 소통과 신뢰, 협력을 강화하는 경영'으로 개인의 희망과 조직 비전이 융합되는 장입니다.

이미 독서경영을 하고 있거나 감사문화가 정착기에 있는 조직, 독서를 통해 감사문화를 만들어 가려는 회사가 참고하면 다음과 같이 독서경영과 감사문화의 시너지를 극대화할 수 있습니다.

1. 조직 내 긍정적인 분위기 조성 & 소통활성화

독서를 통해 배운 내용을 서로 나누고, 감사를 표현하는 습관이 자리 잡히면 팀 내 소통이 원활해지고 팀워크가 향상됩니다. "좋은 책을 추천해줘서 고마워요!" 같은 간단한 감사 표현도 조직의 분위기를 긍정적으로 변화시킬 수 있습니다.

2. 직원들의 학습 동기부여 & 자기 성장 촉진

감사가 습관이 되면, 직원들은 독서를 통해 얻은 지식을 타인과 나누는 것에 대한 보람을 느끼게 됩니다. 배운 것에 감사를 느끼고 이를 표현하는 과정에서 학습 효과가 배가됩니다. "이 책 덕분에 업무 효율이 높아졌어요!"라는 감사 표현은 스스로의 성장을 자각하고 지속적인 배움을 유도합니다.

3. 리더십 강화 및 조직문화 개선

리더가 책을 통해 배우고 감사를 표현하면 직원들에게 긍정

적인 영향력을 행사할 수 있습니다. 예를 들어, CEO가 "이 책을 통해 우리 조직의 비전을 더 명확히 정리할 수 있었어요. 여러분 덕분에 함께 성장하고 있어 감사합니다."라고 말하면 직원들에게 큰 동기부여가 됩니다. 감사 표현을 실천하는 리더는 조직 내부에 신뢰와 존경을 쌓을 수 있습니다.

4. 직원 만족도 & 심리적 안정감 향상

감사하는 문화가 자리 잡힌 조직에서는 직원들이 자신이 존중받고 있다는 느낌을 받으며 만족도가 증가합니다. 독서를 통해 성장하고 감사하는 문화가 형성되면 조직에 대한 애착이 커지고, 불만으로 인한 이직률이 줄어듭니다.

5. 창의성 & 문제 해결력 강화

감사하는 태도는 열린 사고를 키우고, 새로운 아이디어를 받아들이는 능력을 향상시킵니다. 독서를 통해 얻은 새로운 개념이나 아이디어를 감사하는 마음으로 적용하려 하면 창의성이 더욱 발휘됩니다. 예를 들어, "이 책에서 배운 내용을 적용했더니, 정말 효과가 있었어요. 덕분에 좋은 성과를 낼 수 있었습니다."라는 감사 표현은 조직 전체의 혁신을 촉진할 수 있습니다.

6. 독서 경험의 공유 & 조직 내 학습 문화 정착

독서를 통한 배움을 감사의 형태로 나누면, 조직 전체가 함께 성장할 수 있는 기회가 됩니다. 예를 들어, 독서 모임에서 "이 책에서 배운 점을 동료들과 공유하고 싶어요. 이 부분이 특히 좋았어요."라는 감사 표현을 하면, 다른 직원들도 독서에 대한 관심과 동기부여를 얻게 됩니다. 감사와 독서를 결합하면 배움이 조직 전체에 확산할 수 있습니다.

7. 고객 만족도 & 브랜드 이미지 향상

독서를 통한 배움과 감사를 결합하면 고객 서비스의 질이 향상됩니다. 감사하는 태도를 가진 직원들은 고객과의 관계에서도 긍정적인 영향을 미치게 됩니다. 예를 들어, "고객님의 피드백 덕분에 더 좋은 서비스를 제공할 수 있게 되었습니다. 감사합니다."라는 표현이 자연스러워집니다. 이러한 태도는 고객 충성도를 높이고, 기업의 브랜드 이미지에도 긍정적인 영향을 미칩니다.

8.2. 감사독서경영 프로세스

❏ 독서감사경영 프로세스 특징

1. 자유롭게 도서 선정

독서경영을 할 때 같은 책을 지정하는 것이 일반적입니다. 그러나 감사독서경영을 할 때는 자기가 자유롭게 선정한 책을 우선하며, 필요 시 지정된 책으로 진행합니다. 단 책을 읽고 감사문화를 조성하려는 경우 먼저 감사 관련 도서로 시작하는 것을 권합니다.

2. 나의 '한 줄 명언' 찾기

책을 읽으며 나의 사고방식, 말, 행동 방식을 개선하거나, 팀 문제 해결에 도움이 되는 발전적 한 줄 명언이 무엇인가를 찾아 밑줄을 긋고, 당일 왜 밑줄을 그었는지를 설명하면 됩니다. 별도 독후감을 쓰지 않습니다.

3. 모두가 차례로 발표

발표자를 사전에 정하지 않으며, 당일 모두가 차례로 발표하고 토론합니다. 발표는 원칙적으로 3분 이내로 한정합니다.

4. 시작과 끝에 감사나눔

감사로 시작하면 좋은 기분으로 독서경영을 진행할 수 하며, 끝에서 감사를 나누면 오늘 토론한 내용의 긍정적인 것들을 다시 한번 상기하여 정리하는 효과가 있습니다. 감사를 하면서 즐겁고 의미 있는 토론의 장을 만들 수 있습니다.

❑ 독서감사경영 프로세스

- 적정인원 : 4~8명
- 진행시간 : 2시간(추천, 매주 월요일 16:00~18:00를 '감사독서경영'의 날로 지정)
- 진행책임 : 팀장(사회자는 필요 시 별도 지명)
- 사전준비 : 각자 선정한 책에서 '한 줄 명언'을 찾아 밑줄(나 또는 팀의 발전에 도움이 되는 내용)
- 독서분량 : 1개월 1~2권(주 1회 진행하는 경우, 같은 책을 나누어 읽을 수 있음)

<감사독서경영 프로세스 모듈과 진행 방법>

모듈	방법	유의점
감사파동	• 한 주간 있었던 일에 대한 감사는(3~5가지)? 또는 읽은 책에 대한 감사	감사주제는 자유롭게 선정, 감사일기, 책, 개인 또는 조직의 좋은 일, 날씨 등
도서소개	• 선정 도서는 무엇인가(제목, 저자, 출판사 등)? • '선정이유'는 무엇인가?	책을 자유롭게 선정, 필요 시 공통 책을 지정
가치공감 (문제해결)	• 밑줄 친 나의 '한 줄 명언'은 무엇인가? • 나 또는 팀의 발전에 어떻게 도움이 되나?	자유로운 질의응답, 나 또는 팀의 발전(문제해결)에 관한 조언이나 응원
감사소감	• 오늘 좋았던 것, 감사했던 내용, 사람, 상황 등에 대한 감사와 소감은?	주제는 감사독서경영 전반에 대한 것

THANKS H.E.R.O.

제9장

감사문화 만들기
성공 요소

THANKS H.E.R.O.

9.1. 종합계획

❑ **종합계획 수립 시 참고사항**

감사를 도입하려는 조직체는 다음의 사항을 검토하여 상황에 맞도록 보완하여 종합계획을 수립합니다.

<종합계획 항목과 내용>

항목	내용	참고
추진기간	중기 3년 비전, 전략, 목표(매년 실행계획 수립)	-
추진조직	감사활동 추진을 위한 조직 구성과 책임자, 기본 역할	-
성공역할	조직계층별 책임자와 성공적인 역할 명시	3단계 조직계층(전사, 팀, 구성원)
감사환경	감사습관화, 생활화, 문화화의 촉진을 위한 환경조성	-
자기진단	감사활동의 성과를 측정하는 지표체계, 피드백	경우에 따라 현재 조직문화 진단
사후관리	소통(사내, 사외홍보), 포상, 사례공유, 조직 단위별 피드백	상반기, 연말로 나누어 진행

9.2. 추진조직

❑ 추진조직 구성과 역할(사례)

다음은 '선진한마을'의 사례입니다. 참고하여 재구성하시기 바랍니다.

추진조직		구성원	역할
(땡큐경영진, 땡큐사무국, 땡큐리더, 땡큐길라잡이, 구성원, 땡큐자문위원으로 구성된 조직도)	땡큐경영진	CEO, 임원	• 비전과 방향 제시 • 관련 의사 결정 • 솔선수범, 현장 활동 지원, 격려
	땡큐리더	팀장	• 팀 실행계획 수립 • 구성원과 감사나눔 자율 실행 • 솔선수범, 팀 불씨 발굴, 육성
	땡큐길라잡이	팀 TF	• 팀 현장활동 활성화 • 땡큐리더의 활동 지원 • 땡큐자문위원, 땡큐사무국 소통
	구성원	직원	• 열정적으로 참여하여 행복 찾기 • 가족, 이해당사자와 행복 연결하기 • 팀 자율 실행 개선 활동
	땡큐사무국	기획팀장	• 추진기획, 이행, 모니터링 및 피드백 • 땡큐경영진, 땡큐자문위원, 팀 활동 지원 • 홍보, 감사환경 조성
	땡큐자문위원	자문대표	• 비전 수립, 기획, 실행 자문 • 현장 방문 교육훈련, 실행 자문 • 땡큐경영진, 땡큐사무국, 땡큐리더 자문

9.3. 성공역할

❏ 조직계층별 성공 요인

감사활동은 '진정성'이 생명력입니다. 그리고 위에서부터의 '솔선수범'이 핵심 성공 요인이며, '지속성'을 유지할 때 조직문화로 정착될 수 있습니다. 앞장의 '추진조직'에서 볼 때 '땡큐경영진, 땡큐리더'가 먼저 감사의 불씨가 돼야 합니다.

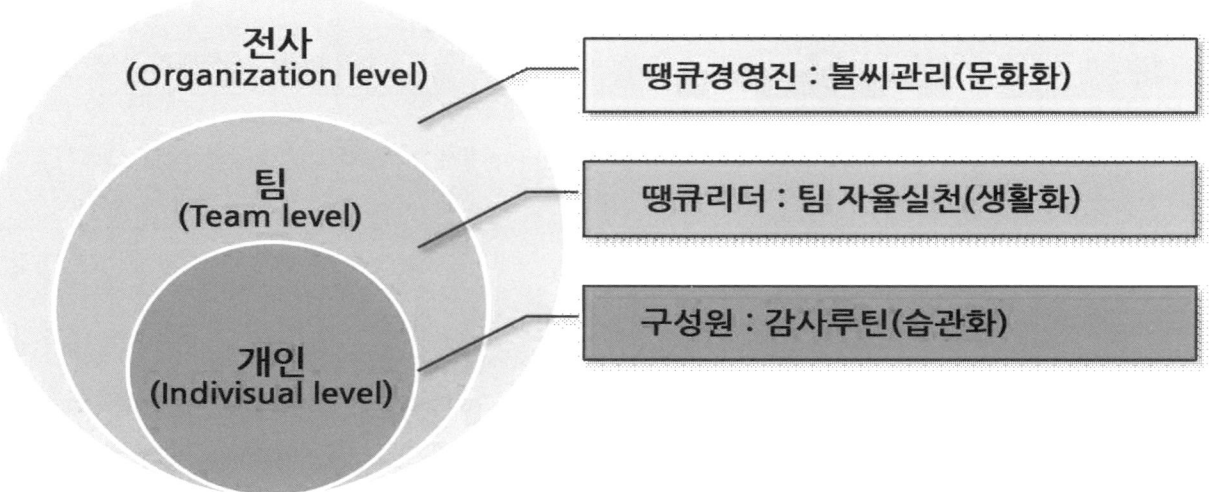

❏ 땡큐경영진이 '감사불씨관리'를 성공적으로 하려면

1. 불씨 발굴
- 조직 내에서 직원들의 작은 행동과 노력을 주의 깊은 관찰
- 직원들의 감사 경험을 듣고 직접 듣는 '감사 인터뷰'를 통해 발굴
- 감사플랫폼(공간) 만들기. 예를 들어 사내 게시판, SNS, 이메일 뉴스레터 등에 직접 참여하여 발굴

2. 불씨 육성
- 회사 차원의 인센티브와 지원
- 감사나눔데이 운영: 매월 특정한 날을 '감사하는 날'로 지정하여 전사적으로 감사 표현을 독려
- 경영진이 직접 직원들에게 구체적인 감사 표현
- 감사 문화 교육 및 워크숍 진행 : 감사의 중요성을 인식할 수 있도록 조직 내 교육과 워크숍을 진행
- 감사프로그램을 정기적으로 평가하고 개선하여 더 효과적인 방식으로 운영

3. 불씨 공유
- 사내 뉴스레터 및 이메일 공유
- 월간 감사 스토리 게시 : 매월 감사 사례를 모아 웹사이트나 사내 인트라넷에 게재
- 감사나눔 영상 제작 : 직원들이 직접 출연해 감사 경험을 이야기하는 영상을 제작하여 공유
- 외부 고객 및 협력사와 감사나눔 확산, 감사나눔을 사내뿐만 아니라 외부 고객, 협력사까지 확산
- 고객 감사 편지 작성 : 고객의 신뢰와 충성도를 높이기 위해 고객에게 감사 이메일이나 손편지 발송
- 협력사 감사 행사 개최 : 협력업체와의 관계 강화를 위해 감사 메시지를 공유하는 행사 진행
- 감사 챌린지 확산 : SNS를 활용하여 직원들이 감사 메시

지를 외부에도 공유할 수 있도록 독려

❏ 땡큐리더가 '팀 감사 자율 실천'을 성공적으로 하려면

1. 땡큐리더가 해야 할 일

- 팀장이 솔선수범하여 적극적으로 감사 표현하기
- 주간 회의나 데일리 팀 미팅에서 1~2분 정도 감사 시간 마련하기
- 감사 카드 또는 메시지 활용하기 : 감사 카드, 팀 채팅방, 이메일, 포스트잇, 사내 메신저 등을 활용
- 감사 챌린지 운영 : 일정 기간 매일 1명 이상에게 감사 표현을 하는 챌린지를 팀원들과 함께 진행
- 감사하는 문화를 보상과 연계 : 정기적으로 감사를 실천한 팀원에게 작은 보상을 제공
- 팀 성과와 연결하여 감사 피드백 제공 : 단순한 감사 표현을 넘어, 어떤 기여가 팀 성과로 연결되었는지 피드백
- 감사 스토리 공유 : 주간 회의나 팀 SNS에서 팀원들이 직접 겪은 '감사한 순간'을 이야기하는 기회를 마련
- 팀원 간 상호 감사문화 조성에 대한 공동 토론과 실천

2. 땡큐리더가 유의해야 할 것

- 형식적인 감사 표현은 피해야 함

감사가 강요되거나 의무적으로 진행되면 역효과가 날 수 있습니다. 팀원들이 진정성을 느낄 수 있도록 자연스럽게 표현하는 것이 중요합니다.

- 소수의 팀원에게만 감사가 집중되지 않도록 관리

특정한 몇 명만 감사의 대상이 되는 경우, 다른 팀원들은 소외감을 느낄 수 있습니다. 모든 팀원이 균형 있게 감사의 기회를 받을 수 있도록 조율해야 합니다.

- 감사가 업무 성과 평가로 변질되지 않도록 주의

감사가 단순한 성과 평가 수단이 되면, 팀원들이 부담을 느낄 수 있습니다. 감사 표현은 개인의 성장과 팀워크 강화를 위한 순수한 목적으로 이루어져야 합니다.

❏ 구성원이 '감사루틴'을 성공적으로 실천해 가려면

1. 일상 속에서 습관처럼 자연스럽게 실천할 수 있도록 간단하게 시작하기

너무 복잡하거나 부담스러운 감사루틴은 오래 지속되지 않습니다. '하루 1번 감사 표현하기' 또는 '감사한 순간을 짧게 기록하기' 등 간단한 루틴으로 시작합니다.
예) 저녁에 감사일기 1줄 작성하기

2. 감사루틴을 특정한 행동과 연결하여 습관화하기

기존의 습관과 연결하면 실천하기가 훨씬 쉬워집니다.
예) 출근하면서 감사할 사람 떠올리기, 회의 전 1분 동안 감사 표현하기, 퇴근 전 감사 메시지 보내기

3. 감사의 효과를 체감할 수 있도록 공유하고 피드백 받기

감사 표현을 주고받으면 긍정적인 영향을 직접 경험할 수 있어 지속할 동기가 생깁니다.
예) 감사 메시지를 받은 동료가 기뻐하는 모습을 보면 감사 루틴을 지속하는 동기부여가 됩니다. 팀 내에서 감사 사례를 공유하거나, '감사 파트너'와 함께 실천하면 효과가 더욱 큽니다.

4. 감사의 대상과 범위를 넓히기

처음에는 가까운 사람(가족, 동료)부터 시작하지만, 점차 범위를 넓히는 것이 중요합니다.
예) 동료뿐만 아니라 고객, 협력사, 주변 직원(청소 담당자, 경비원 등)에게도 감사 표현하기, 다양한 사람들에게 감사함을 표현하면 관계의 질이 좋아지고 긍정적인 에너지가 확산됩니다.

5. 감사를 단순한 표현이 아니라 의미 있는 행동으로 연결하기

감사가 단순한 말로 끝나지 않도록, 작은 행동으로 실천하는 것이 중요합니다.

예) 감사 메시지를 전하면서 작은 선물(커피, 간식) 함께 건네기, 도와준 동료에게 직접 손편지를 작성해보기, 감사한 사람의 행동을 본받아 다른 사람에게 베풀기(감사의 선순환 만들기)

9.4. 감사환경

❏ 감사환경 꾸미기 예시

감사포스터, 감사보드판, 감사트리, 감사스티커, 감사전광판, 감사현수막, 감사배너, 감사우체통, 감사온도계 등 다양한 형태가 있고, 이것을 선택적으로 활용하고, 필요하면 더 좋은 방법을 마련할 수 있습니다.

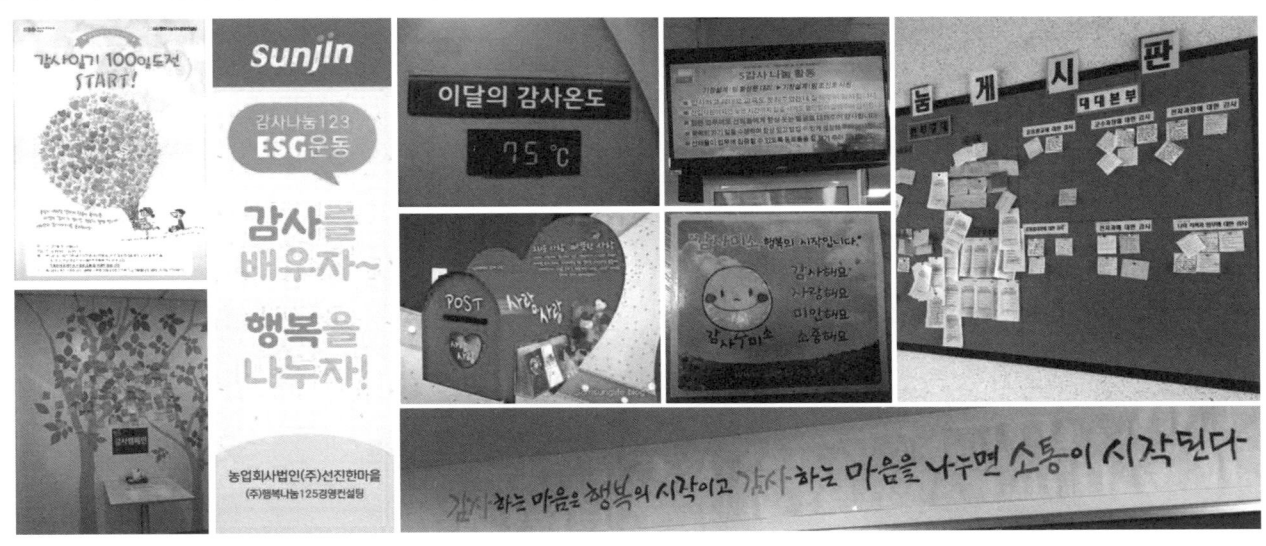

9.5. 자기진단

❏ 진단지표 구성

H.E.R.O. 감사문화프로그램를 통해 어떤 변화가 있었는지 정량적으로 확인해 보기 위한 것이며, 필요에 따라 회사에서 이미 설정한 직원 만족, 행복, 정서, 업무몰입 등과 관련된 지표를 포함하여 활용할 수 있습니다.

<진단지표 구성>

감사지표	감사(Gratitude)	McCullough, Emmons, Tsang의 감사성향척도를 참고하여 10점 척도, 1문항으로 재구성
긍정지표	희망(Hope)	Fred Luthans의 심리자본 (Psychological Capital)의 하부요소를 참고하여 10점 척도, 총 4문항으로 재구성
	유능감(Efficacy)	
	회복탄력성(Resilience)	
	낙관성(Optimism)	
행복지표	행복(Happiness)	Fordyce 행복도 검사 참고

❏ 진단지표 구성 내용

		감사와 긍정에 대한 평소 나의 느낌이나 생각들	10점 만점
감사지표 긍정지표		나는 감사를 자주하는 편이다.	
		나는 무슨 일을 끈기 있게 한다.	
		나는 자신감이 있다.	
		나는 힘든 일도 잘 한다.	
		나는 좋은 일이 있을 것이라고 생각한다.	
	점수	행복에 대한 평소 나의 느낌이나 생각들	V 표시
행복지표	10	극도로 행복하다(말할 수 없이 황홀하고 기쁜 느낌).	
	9	아주 행복하다(상당히 기분이 좋고 의기양양한 느낌).	
	8	꽤 행복하다(의욕이 솟고 기분이 좋은 느낌).	
	7	조금 행복하다(다소 기분이 좋고 활기에 차 있는 느낌).	
	6	행복한 편이다(어느 때보다 약간 기분이 좋을 때).	
	5	보통이다(특별히 행복하지도 불행하지도 않은 느낌).	
	4	약간 불행한 편이다(어느 때보다 약간 우울한 느낌).	
	3	조금 불행하다(다소 가라앉은 느낌).	
	2	꽤 불행하다(우울하고 기운이 없는 느낌).	
	1	매우 불행하다(대단히 우울하고 의욕이 없는 느낌).	
	0	극도로 불행하다(우울증이 극심하고 전혀 의욕이 없는 느낌)	

THANKS H.E.R.O.

부록

■ 'THANKS H.E.R.O. 감사문화프로그램' 이란

THANKS H.E.R.O.가 성공하는 조직의 원동력입니다!

'H.E.R.O.' 는
가정, 회사, 병영, 학교, 병원, 지자체, 사회공동체 등 조직 구성원의 행복과 조직의 지속 가능한 발전을 이루는 심리자원으로
Hope, Efficacy, Resilience, Optimism을 말하며,

'THANKS H.E.R.O. 감사문화프로그램' 은
나부터 시작하는 작은 감사로 H.E.R.O.를 활성화하여, 조직 목표와 전략 달성의 본질적 동력원이 되는 감사문화 만들기 솔루션입니다.
감사합니다.

㈜행복나눔125경영컨설팅

대표 오 세 천

▌THANKS H.E.R.O. 감사문화프로그램 실행 개요

❏ 나.작.지 : 나부터, 작은 것부터, 지금부터

- 목적 : 구성원의 행복과 지속가능발전을 위한 감사문화 정착
- 목표 : 개인(H.E.R.O.활성화, 긍정적 태도 형성, 직무스트레스 완화, 업무동기부여)
    부문(소통 및 협업 활성화, 갈등 완화)
    전사(조직 유연성 향상, 이해당사자 친밀도 향상, 생산성 향상)
- 특징 : 즉시성(즉시 긍정적 변화 경험)
    동시성(이해당사자, 해외 구성원 동시 활동 가능)
    범용성(일과 삶의 모든 영역과 연결)
    가능성(용이성, 효과성, 경제성, 지속성)

THANKS H.E.R.O. 감사문화프로그램 실행 프로세스

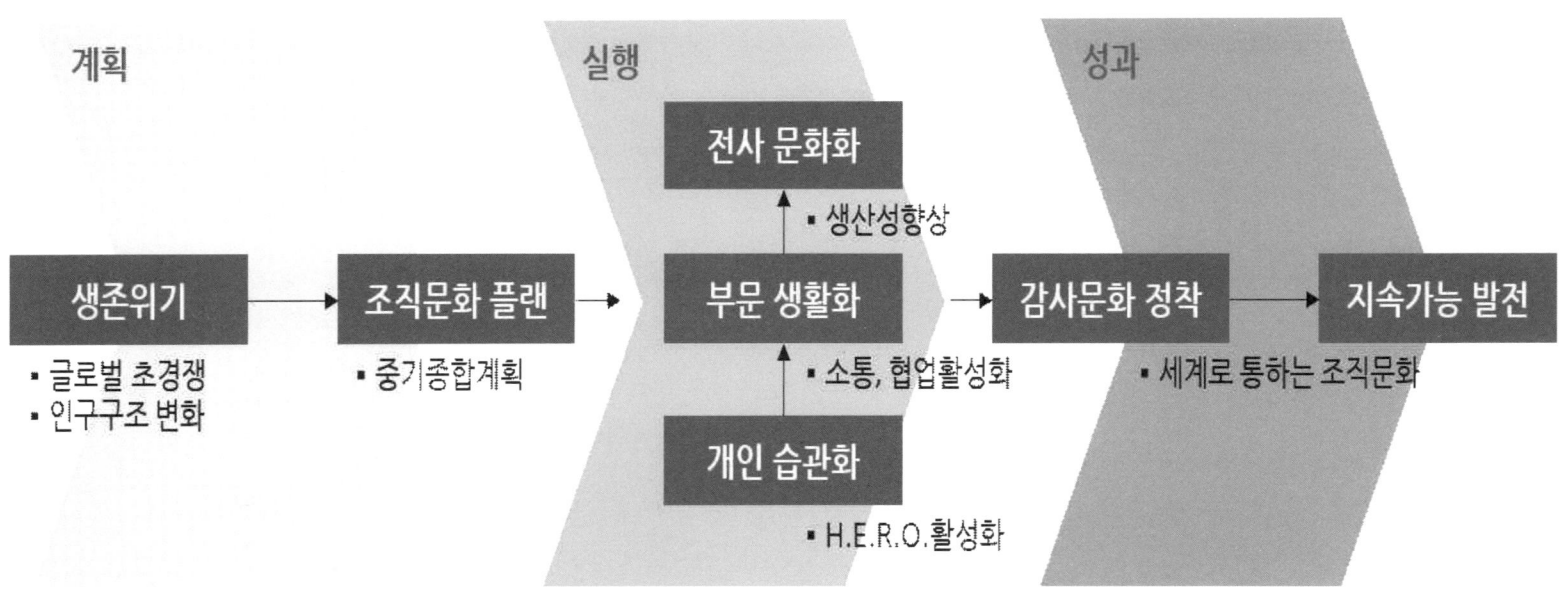

THANKS H.E.R.O.

THANKS H.E.R.O.

참고문헌

THANKS H.E.R.O.

❏ 주요 참고 도서

- 손욱(2013), 『나는 당신을 만나 감사합니다』, 김영사
- 허남석(2014), 『행복한 리더가 행복한 일터를 만든다』, 김영사
- 오세천 외(2020), 『THANKS H.E.R.O.감사나눔 워크북』, 사단법인 행복나눔125
- 권석만((2008), 『긍정심리학』, ㈜학지사
- Edgar H. Schein(2009), 『기업문화 혁신전략』, AT커니 코리아 옮김, 도서출판 일빛
- Fred Luthans, Carolyn M. Youssef-Morgan and Bruce J. Avolio(2007). 『긍정심리자본』, 김강훈, 김강훈, 김정기, 박상만 역, 럭스미디어
- Jane E. Dutton 외(2018). 『포지티브혁명』, 윤원섭 역, 매경출판㈜
- Jeremy Adam Smith 외(2022), 『감사의 재발견』, 손현선 역, ㈜현대지성
- Martin E.P. Seligman(2011), 『Flourish』, ATRIA
- Martin E.P. Seligman(2002), 『긍정심리학』, 김인자, 우문식 역, 도서출판 물푸레, 한국긍정심리연구소
- Philip C. Watkins(2017), 『감사와 행복한 삶』, 추병완, 이범웅 역, 도서출판 하우
- Robert A. Emmons(2008), 『Thanks』, 이창희 옮김, ㈜위즈덤하우스
- Robert A. Emmons and Michael E. McCullough(2004). 『The Psychology Of Gratitude』, Oxford University Press, Inc.

THANKS H.E.R.O.